남북연합연방제 통일론

-공존과 과정을 통한 통일

남북연합연방제 통일론
-공존과 과정을 통한 통일

김은진 지음

리아트 코리아

목 차

남북 화해와 협력을 통해
'제2의 6·15시대'를 열자

나라가 해방된 지 70년이 되었다. 그러나 해방 70년은 다른 측면에서는 분단 70년이다. 해방의 기쁨도 잠시 전후처리를 위한 일시적인 분할선인 줄 알았던 38선은 곧이어 휴전선이 되고 공고한 분단선이 되었다. 근현대를 통해 한반도에 외세가 개입하면서 우리 민족은 단 하루도 편한 날이 없었다. 일제 통치 시기 우리 민족에게 주어진 시대적 과제는 민족해방과 독립이었다. 그 누구도, 심지어 친일파들조차도 그 시대의 대의를 부정하지 못했다. 분단 시기 우리 민족에게 주어진 시대적 과제는 통일이다. "우리의 소원은 통일"인 것처럼 그 누구도, 심지어 속마음은 분단을 유지하고 싶은 세력들조차도 통일의 대의를 부정하지는 못한다.

　이 책은 분단 70년을 맞아 올바른 통일론을 정립하기 위하여 기획되었다. 지금까지 많은 통일관련 책들이 나왔지만 주로 통일의 절박한 필요성이나 분단의 배경과 원인을 밝히는 선에서 머무는 경우가 많았다. 또 외세 문제를 부차적 요소로 바라보거나, 심지어 국제적 조건을 배제한 채 남북관계만의 문제로 통일을 설명하는 제한성을 보이기도 하였다. 이러한 한계에서는 올바른 통일론이 나올 수 없다.

　통일은 물론 남북 간의 합의와 이행에 달려있다. 그러나 동시에 외세인 미국과의 관계 문제를 풀지 않으면 이뤄질 될 수 없다. 왜냐하면 분단의 일차적 책임이 분단선을 그은 미국에 있고, 이후 미국은 한국의 정치, 군사, 경제 등 사회의 전 영역에 커다란 영향력을 행사해 왔으며 지금도 한미 군사동맹의 한 축을 형성하고 있기 때문이다. 더구나 동북아에서 정치, 경제적 위상이 급부상하고 있는 중국의 '대국주의'도 경계하면서 설득해야 하는 과제도 풀어야 한다. 한반도 통일이 오랜 세월 이뤄지지 못하는 것은 이처럼 남북 간의 대립만이 아니라 외세의 이해관계까지 한데 얽혀 있기 때문이다.

　올바른 통일론의 정립을 위해서는 한국사회의 현실을 객관적으로 바라보고 우리 민족의 평화와 번영을 실현한다는 관점에서 통일의 원칙과 방법을 밝혀야 한다. 그렇기 때문에 통일론에는 분단의 원인을 바르게 규명하고, 통일 실현의 원칙, 그리고 그 원칙에

의거한 방안 및 경로까지 종합적으로 담겨야 한다,

또한 통일론이 현실성을 갖기 위해서는 지난 시기 남북 간에 이뤄진 통일관련 합의에 기초하여야 한다. 남북의 합의를 떠난 통일론은 어느 한쪽의 주장을 대변하거나 현실적인 힘을 가질 수 없다. 우리에게는 지난 수십 년에 걸쳐 일궈낸 남북 간의 훌륭한 통일관련 합의들이 있다. 당시 남북의 합의 발표는 온 민족을 흥분케 했고 나아가 6·15, 10·4선언은 유엔에서도 만장일치의 지지를 받을 만큼 민족과 세계의 뜨거운 찬사를 받았다. 그렇기 때문에 남북의 합의에 근거한 통일론 만이 올바른 통일론으로 지지를 받을 수 있다.

민족과 세계의 뜨거운 찬사를 받은 남북의 통일관련 합의는 자주, 평화, 민족대단결의 통일 3대 원칙과 남측의 '연합제'와 북측의 '낮은 단계 연방제'의 공통성에 의거한 통일방안, 그리고 이를 실현시켜 나갈 8개항의 통일실현을 위한 실천 사항 등이다. 핵심은 한반도 통일은 외세의 간섭에 좌우되지 않고 남북이 합심하여 남북의 체제가 공존하는 통일을 평화적으로 실현한다는 것이다.

이렇듯 남북 정부간 합의로 훌륭한 통일 원칙과 방안이 이미 나와 있음에도 한국에서는 여전히 논란이 되고 있고 심지어 남북이 합의한 통일방안과는 정반대의 체제통일, 흡수통일의 망령이 유령처럼 떠돌고 있다.

남북 간에 신뢰가 형성돼 있지 않은 조건에서 체제통일, 흡수통일론은 동족상잔의 깊은 상처를 가진 우리 민족 모두에게 또 다시 전쟁을 불러올 수 있는 위험천만한 통일론이다. 북한 스스로 자유민주주의로 체제전환을 하지 않는 이상 이런 방안은 결국 힘에 의한 강제적 통일을 의미하기 때문이다.

이렇게 흡수통일론이 계속해서 떠돌게 된 데에는 한국 정부의 책임이 크다. 남한에서 정권이 바뀔 때마다 정권의 지향과 요구에 따라 통일관련 정책과 방안을 수시로 바꾸고 혼용하였기 때문이다.

현재 한국 정부에는 두 개의 통일방안이 교차, 충돌하면서 서로 혼재되어 있다. 흡수통일이라고 불리는 체제통일방안과 상호체제를 인정하는 체제공존형 통일방안이다. 한국 정부는 대립되는 이두 개의 통일방안을 하나로 묶어 평화통일이라고 주장한다. 그러나 흡수통일, 체제통일은 평화통일이 될 수가 없다. 한국 정부는 박정희 정권 이래 북한과는 체제공존 방식의 평화통일로 합의해놓고 한편에서는 흡수통일을 평화통일의 포장 밑에 계속 재생산하고 있다.

박근혜 정부 또한 평화통일이 공식입장이라고 주장하고 있지만 북한을 자극한 '통일대박론', '드레스덴 선언'은 흡수통일론에 기울어져 있다는 우려를 낳기에 충분하다. 실제로 통일준비위원회 정종욱 부위원장은 "정부 내 다른 조직에서도 체제통일에 대해 연구하고 있다"며 "체제·흡수통일은 하기 싫다고 해서 일어나지 않는 건 아니다"라고 발언해 '북한붕괴론', '북한 급변사태론'에 경도돼 있다는 비판을 받았다.

2014년 정부 일각에서 북한이 조만간 급변사태가 일어나 스스로 붕괴할 것이라는 주장을 편 것 역시 평화통일을 주장하며 흡수통일론을 상정하고 있다는 것을 보여준 사례이다. 이는 동독처럼 북한이 무너져 남한으로 흡수되기를 바라는 독일식 통일형태를 상정한 주장이다. 박근혜 정부의 '드레스덴 선언'은 이런 인식을 반영한 것이다.

이런 주장은 이미 사회주의체제가 무너지던 1990년대 초반부터 여러 차례 제기된 바 있다. 당시 한국과 미국에는 3년만 기다리면 북한이 망할 것이라고 하는 북한붕괴론이 강하게 대두되었다. 그러나 현재 북한은 그 당시와 비교할 수 없을 정도로 안정되어 있고, '급변사태'의 징후도 없다는 게 정설이다. 그런 점에서 북한붕괴론은 일부 정치세력의 주관적 희망을 표현한 것이거나 '붕괴할 때까지 기다리자'는 분단 유지론의 다른 표현이다.

이처럼 한국 정부의 통일방안이 정권의 변화에 따라 자주 바뀌고, 표면적인 주장과 내면적인 의도가 달라 국민들도 정부의 통일방안이 무엇인지 헷갈릴 수밖에 없다. 어떤 사람은 정부의 통일론이 '남북연합'이라 하고 어떤 사람은 '통일대박론'이라고도 한다. 그렇다면 '남북연합'과 '통일대박론'은 같은 의미인가. 또 일부는 '6·15 통일'이라고 하고 일부는 '자유민주주의 통일'이라고도 답한다. '6·15 통일'과 '자유민주주의 통일'은 같은 것인가.

정부가 이처럼 두 개의 대립되는 통일방안을 평화통일의 미명 아래 한 데 묶어 사용하는 것은 흡수통일이 민족의 평화통일 요구와 배치되는 것이기에 이를 드러내놓고 공식적인 정부 통일론으로 할 수 없기 때문이다. 이는 명백히 7·4남북공동성명 위반이며 남북기본합의서, 6·15공동선언, 10·4선언 위반이다.

분단 70년을 맞는 오늘 다시금 한반도 평화통일론을 바르게 인식해야 할 이유가 여기에 있다.

남북이 합의하고 세계가 지지한 유일한 한반도 평화통일방안은 6·15공동선언의 통일방안이다. 북한에서는 이를 '연방연합제'라 하고, 한국에서는 아직 공식 명칭이 없지만 '연합연방제' 또는 '연방형연합제'라 부른다. 6·15공동선언은 남북 당국이 기존 각자의 통일방안에서 한 걸음씩 물러나 상호 이해하고 합의한 민족합의 정신의 결정체이다. 또한 6·15 통일방안은 연합제와 연방제라는 인류가 이뤄낸 공동정치의 두 형태를 공통성을 축으로 절묘하게 결합시킨 우리 민족의 독창적 통일형태이다.

6·15공동선언을 계기로 본격화된 남북 간의 화해 협력사업은 전쟁 이후 고착화된 남북 간의 대결적 인식과 선입관을 뿌리째 흔들어 놓았다. 금강산 관광과 개성공단 사업, 그리고 각종의 문화, 학술, 언론, 체육교류와 노동자, 농민의 교류협력은 북한에 대한 인식을 근본적으로 바꿔놓는 계기가 되었다.

남북 정부가 참여하는 6·15 기념행사와 국제경기에서 남북단일팀의 경험은 통일이 현실로 다가오고 있음을 느끼게 하였다. 이러한 화해협력 자체가 통일의 시작이라고 많은 이들이 주장하였고 보수적이건 진보적이건 많은 학자, 언론들이 남측의 연합제와 북측의 낮은 단계 연방제의 공통성에 의거한 통일방안에 깊은 관심을 갖고 연구, 발표하였다.

실로 한반도의 통일 역사는 6·15선언을 기준으로 그 전과 후로 나눌 수 있을 것이다. 6·15선언과 그 초기 이행과정만으로도 우리 민족은 체제가 다르고 생활방식의 차이가 있더라도 얼마든지 진한 형제애를 나누고 공동의 사업을 할 수 있음을 증명하였다.

이렇듯 온 민족이 체감하였고 통일이 현실이 될 수 있음을 보여준 거대한 역사적 전기가 6·15공동선언이다. 이런 의미에서 6·15공동선언에서 밝힌 남북통일의 정신, 원칙, 방안을 통일론을 정립하는데 기초로 삼아야 한다.

그러나 '6·15 통일론'은 남한에서는 아직도 통일적이고 구체적으로 정립되어 있지 못하다. 김대중·노무현 정부 시기에는 진보보수를 막론하고 6·15 통일론과 관련 많은 연구들이 쏟아져 나왔지만 통일적으로 정립하지 못하였고, 이명박·박근혜 정부에 들어와서는 6·15정신을 사실상 무시하면서 관련 연구 또한 제대로 진전시키지 않았다. 그러다보니 남북관계 개선과 통일여건의 조성을 위한 5·24조치 해제나 화해협력 재개에 대해서는 대부분 동의하면서도 이후 통일을 어떻게 이룰 것인가에 대해서는 분명한 방안을 제시하지 못한다. 심지어 세월이 흐르면서 젊은 세대들 사이에서는 6·15선언, 10·4선언의 내용이 무엇인지 모르는 경우도 많아졌다.

특히 5·24조치로 남북관계의 단절이 길어지고 관련 연구가 지체되면서 6·15공동선언을 지지하는 사람들 내에서도 6·15 통일을 북한이 사실상 (국가)연합제를 받아들인 것처럼 해석하여 남북연합을 '완성형의 통일형태'로 제시하는 견해까지 나오고 있다. 이는 6·15 통일방안을 사실상 남북연합으로 바라본 것이다. 나아가 한반도 긴장상태가 수시로 높아지다 보니 '한반도 평화 자체가 목적'이라는 이른바 평화국가론까지 제안되었다. 평화국가론은 사실상 '싸우지 말고 이 상태로 잘 지내자' 내지 '서로 협력하고 잘 지내는 남북연합'의 또 다른 주장이다.

이런 주장은 사실상 또 다른 분단유지론이라고 규정할 수 있다. 통일이란 하나의 나라가 되는 것이다. 유럽연합을 통일국가라 하지 않듯이 두 개의 국가가 연합한 형태를 세계 그 어디에서도 통일국가라 하지 않는다. 남북연합만으로는 무슨 근거를 제시하더라도 통일의 최종형태가 될 수 없다.

이처럼 6·15 통일을 사실상 남북연합안으로 이해하게 되면 그것은 통일방안이 아니다, 6·15 통일은 선언문에 명시한대로 연합제와 낮은 단계 연방제의 공통성에 의거한 연합연방제 통일이다. 연합연방제는 한반도의 평화통일을 이루기 위한 체제공존의 통일방안으로 남북이 힘을 합쳐 내놓은 독창적 방안이다.

이 책은 6·15선언의 연합연방제 통일론을 정립하기 위한 시론적 성격을 갖는다. 지금까지 6·15 통일에 관한 많은 논문과 책들이 나왔지만 6·15 통일을 연합연방제로 정의하고 그에 대해 체계적으로 정리한 서술은 없었다.

연합연방제를 제대로 정립하기 위해서는 반드시 한반도평화체제 건설과 관련지어 봐야 한다. 한반도 통일 실현을 위해서는 반드시 잠정적 전쟁 중단상태인 정전체제를 끝내야 하기 때문이다. 노무현 정부 시기 북한과 합의한 10·4선언에서 한국전쟁 관련 3~4자 간의 종전선언을 천명한 것도 이러한 이유에서이다. 종전선언이 구두상의 합의라면 이를 포함한 전후처리, 관계정상화 등 당사국간의 의무이행을 강제하는 조약으로 명문화한 것이 평화협정이다.

　한반도 평화체제란 현재의 정전상태를 완전히 종식시키는 평화협정(조약)의 체결과 이를 관련국들이 국제적으로 보장하는 동북아평화안보체계의 건설을 의미한다. 정전상태를 완전히 끝낸다는 것은 한반도에 더 이상 적대적 대결로 전쟁을 하지 말자는 합의이면서 북미간에 오랜 적대관계를 끝내고 관계정상화를 이룬다는 의미이다. 동북아평화안보체계는 관련국들이 상호 승인하는 조건 하에서만 가능하다. 지금처럼 북미, 북일 사이에 서로를 인정하지 않는다면 동북아에 항구적 평화를 담보하는 질서를 만들기는 어렵다.

　이렇듯 연합연방제 통일은 남북간의 합의만이 아니라 합의를 원활히 수행할 수 있는 조건까지도 마련되어야 하는 것이다. 따라서 연합연방제 통일은 남북간의 합의와 단결을 중심으로 당사국간의 평화협정 체결과 동북아평화안보체계의 건설이 병행적으로 진행되어야 한다.

연합연방제 통일론으로서 이 책의 구성은 다음과 같다.

1장에서 4장은 분단의 원인과 폐해, 정부의 통일론과 현 시기 정세의 흐름 등 연합연방제를 제대로 이해하기 위한 배경과 현 시기 상황 등을 정리하였고, 5장에서 7장이 연합연방제 통일론으로 통일의 정신, 원칙, 방안, 경로 등을 서술하였다.

구체적으로 살펴보면 1장은 분단의 원인과 책임이 어디에 있는가를 밝혔고, 2장은 분단과 전쟁을 거치면서 공고화된 분단질서가 어떻게 한국사회의 민주주의를 파괴하고 기형화, 비정상화하였는가를 서술하였다.

3장은 현 시기는 미국 중심의 세계질서가 무너져가는 세계사적 전환기로 그 어느 때보다도 한반도 통일에 복잡한 환경이 조성되고 있음을 밝혔다. 영국을 비롯한 미국의 하위 동맹국들의 중국 주도 AIIB(아시아인프라투자은행) 가입, 미국의 간섭을 배격하는 아시아, 중동과 남미, 아프리카의 새로운 정치흐름, 중국·러시아의 공공연한 미국 패권질서에의 도전 등은 미국 중심의 일극 패권체제가 붕괴하고 있음을 보여준다.

4장은 다극화로의 세계사적 전환기에도 아랑곳 하지 않는 박근혜 정권의 이른바 '통일대박론'에 대한 평가를 담고 있다. 통일대박론은 '드레스덴 선언'에서 밝힌 것처럼 독일식 흡수통일을 통한 경제적 대박을 이루자는 주장임을 밝히고 이런 주장이 반미국가를 소모전, 교란전, 선전전 등으로 무너뜨렸던 미국의 저강도 전략과도 연관되어 있음을 밝히고 있다.

5장은 통일이념이자 외세와의 관계에서 항시 고수하여야 할 정신으로서 민족주의에 대하여 정리하였다. 아울러 민족주의는 민영화, 비정규직, 쌀시장 개방 등 외세침탈을 막아내는 정신이자 우리 시대 최고의 민족문제인 통일을 실현하는 근본적 이념임을 밝히고 있다.

6장은 통일에 대한 정의와 통일 실현의 원칙은 무엇인지 밝히고 있다. 통일은 국제적으로 자주성을 회복하는 것이고 민족 내부적으로 통합성을 회복하는 것으로 정의하고 그 의미를 서술하였다. 통일 실현의 3대 원칙인 자주, 평화, 민족대단결의 각각의 의미와 내용에 대해 새롭게 정리하였다.

7장은 연합연방제 통일방안과 그 실현경로에 대해 서술하였다. 남측의 연합제와 북측의 낮은 단계 연방제는 무엇인가, 그리고 그 공통성은 무엇인가를 밝히면서 이를 연합연방제 통일방안으로 정의하였다. 아울러 한반도 통일은 낮은 수준에서 높은 수준으로 올라가는 '과정으로서의 통일'임을 밝히고 연합연방제는 초보적 형태의 과도적 통일임을 정리하였다. 그리고 연합연방제는 남북, 북미간의 적대정책 폐기를 전제로 남북간의 화해협력과 연합연방제 절차와 방식 합의, 남북공동기구의 구성과 한반도 평화협정과 동북아평화안보체계의 구성이 병행적으로 전개되어 실현될 것임을 밝히고 있다.

8장은 현 시기 우리 모두의 실천과제로 첫째, 북한을 평화와 통일의 당사자로서 민족화합과 통합의 시각으로 바라보고, 둘째, 남북간의 합의 이행, 적대정책 폐기를 촉구하고 실천할 것을 제안하였다. 이를 위하여 5·24조치의 폐기를 통한 남북 화해협력의 재개를 비롯하여 한미합동군사훈련의 중단과 사드 배치 반대, 북한의 핵 및 미사일 시험발사 중단 같은 적대정책 폐기를 촉구하는 실천 행동이 절실히 요구되고 있음을 밝히고 있다.

통일을 세계사적 흐름에서 바라보면 다른 나라들은 이미 반세기 전에 이루었던 민족통일국가를 뒤늦게 완성하는 것이다. 이는 비정상적 국가 형태를 정상화 하는 것이다. 현 시기는 미국 중심의 일극패권체제가 쇠퇴하고 새로운 다극화 흐름이 대세가 되어 가는 전환기이다. 우리의 통일 역시 그 어느 때보다도 현실이 될 전환의 길목에 서있다.

이 책은 이러한 전환의 시기에 체제를 앞세운 냉전적 시각에서 벗어나 민족을 앞세우고 체제가 공존하는 공영, 공리의 연합연방제 통일 방안을 국민적 통일방안으로 세워나갈 것을 제안하고 있다. 지금은 제2의 6·15 통일시대를 열어 나갈 때이다.

아무쪼록 이 책이 연합연방제 통일논의를 활성화하고 연합연방제 통일을 실현하는 길에 작은 주춧돌이 될 수 있기를 바란다.

이 책은 여러 전문가들의 도움과 토론을 거쳐 완성됐기 때문에 혼자만의 생각을 담았다고 할 수 없을 것이다. 도와주신 여러분께 거듭 감사의 말씀을 드린다.

2015년 5월 김은진 씀

제1장 분단은 외세의 분할점령으로 탄생했다

　　"1945년 8월 9일부터 대일전에 참여한 소련군은 빠른 속도로 남진하였기 때문에 그대로 진행되었다면 한반도 전체를 점령할 가능성이 높았다. 8월 10일 자정 무렵 한국을 분할할 지점을 찾으라는 상관의 명령을 받은 두 명의 젊은 미군 대령은 '수도(서울)를 미국의 영역 안에 둘 수 있'고, 인천항과 부산항을 포함할 수 있었기 때문에 38도선을 분할선으로 제시했다. 소련은 미국의 38선 분할 제안을 받아들였다."

분단 책임론에는 우리 민족 책임론, 미국 책임론, 소련 책임론, 미소 복합책임론 이렇게 네 가지 설명틀이 존재한다. 우리 민족 책임론은 우리 민족이 힘이 없어서 혹은 단결하지 않아서 분단되었다고 본다. 표면적으로 그럴 듯하다. 2차 세계대전 당시 우리 민족은 자체의 힘으로 일제를 몰아낼 힘이 없었다. 만주, 연안 일대에서 좌익 계열의 항일무장투쟁이 전개되었고, 상하이, 충칭 일대에서 우익 계열인 임시정부 주도의 외교적 노력이 진행되었으나 일본을 패전으로 이끈 결정적 힘은 미국과 소련 등 연합군에 있었음은 부인할 수 없다.

그러나 우리 민족 책임론은 2차 세계대전에서 우리 민족의 역할에 관한 평가에서는 타당할 수 있어도 분단 책임론으로는 타당하지 않다. 주지하다시피 일제의 패망, 즉 1945년 해방 이후 우리 민족은 자주독립국가를 건설하기 위한 노력을 백방으로 전개했다. 물론 우리 민족이 다른 모든 분열주의적 요소들을 제거할 수 있는 '강한 힘'을 가졌다면 자주독립국가를 건설했을 것이라는 '이상론'에 입각해 본다면, 결국 분단에서의 우리 민족 책임론은 타당할 수 있다. 그러나 이런 식으로 분단 책임론을 거론한다면, 우리 민족은 과거에도, 현재에도, 미래에도 할 일이 없어진다. 해방 직후에도 그랬지만, 우리 민족은 지금도 주변 강대국과 비교하면 힘이 미약하다. 여전히 우리는 강대국의 패권 논리와 경쟁 결과에 순응하며 살아가야 하는 처지이다.

이런 생각으로만 세상을 살아간다면, 없는 살림에 열심히 살아가는 노점상들이 구청 직원에 혹은 용역깡패에 노점이 헐려도 할 말이 없다. 집에 도둑이 들어 가산을 전부 도둑맞아도 할 말이 없다. 자본가들이 노동자를 착취해도 노동자는 할 말이 없다. 오직 '내 탓이요'라면서 신세한탄을 하며 일생을 살아가야 한다. 우리 민족 책임론은 우리 민족으로 하여금 아무것도 할 수 없도록 만드는 패배주의적 이데올로기에 불과하다. 분단을 우리 민족에게 주어진 어쩔 수 없는 것으로 여기고 '내 탓이요'라고 체념하면서 살아가자는 것이다.

1. 분단과 미국

한반도의 분단에 외세의 책임이 크다는 것은 분명하다. 문제는 외세 중에서도 어느 나라의 책임이 가장 큰가 하는 점이다. 이 문제를 검토하기 위해서는 해방 직후 미국과 소련 양국군의 점령과 38선 분단, 신탁통치안과 미소공동위원회에서 미소 양국의 역할, 남북 단독정부 수립과 미소의 역할, 한국전쟁과 미소의 역할 등을 종합적으로 평가해야 한다.

1) 분할점령과 미군정

1945년 8월 9일부터 대일전에 참여한 소련군은 빠른 속도로 남진하였기 때문에 그대로 진행되었다면 한반도 전체를 점령할 가능성이 높았다. 그 시점에서 한반도와 가장 가까운 미군은 오키나와에 주둔하고 있었다. 8월 10일 자정 무렵 한국을 분할할 지점을 찾으라는 상관의 명령을 받은 두 명의 젊은 미군 대령은 "수도(서울)를 미국의 영역 안에 둘 수 있"고, 인천항과 부산항을 포함할 수 있었기 때문에 38도선을 분할선으로 제시했다.

소련은 미국의 38선 분할 제안을 받아들였다. 당시 소련은 한반도보다 러일전쟁에서 빼앗긴 일본 홋까이도 북쪽 지역에 더 많은 관심이 있었고, 그것을 지키기 위해 미국의 한반도 분할 점령 제안을 받아들인 것이다. 이렇게 해서 38선을 기점으로 하여 미군과 소련군은 일본군대의 무장해제를 위한 남과 북의 점령을 시작했다.

그러나 점령의 성격은 여러 점에서 상당한 차이가 있었다. 한반도 상륙 하루를 앞둔 1945년 9월 7일 미군은 「조선 인민에게 고함」이라는 포고 제1호를 통해 38선 이남에 대한 점령정책을 제시했는데, 그 핵심 내용은 다음과 같다.

> 제1조 38선 이남의 조선 영토와 인민에 대한 최고통치권은 본관의 권한 하에 시행된다.
> 제2조 일제식민통치 하의 모든 관료들은 별도의 명령이 있을 때까지 종래의 정상기능과 업무를 수행한다.
> 제3조 점령군에 대한 반항행위자나 사회교란행위자는 가차없이 엄벌에 처할 것이다.

포고문에서 주한미군은 과거 조선총독부의 통치체계를 그대로 존속시킬 것을 천명하였다. 또한 이러한 정책에 반하는 행동, 즉 조선의 자주적인 독립국가를 건설하기 위한 모든 노력을 "반항행위"와 "사회교란행위"로 못박고 "가차없이 엄벌"할 것이라고 경고하였다. 이 연장선에서 당시 주한미군 사령관 하지 중장은 9월 9일 항복조인식에서 '총독을 포함한 모든 관리가 기존의 자리를 지키는 식민정부가 계속될 것'이라고 선언하였다.

〈사진 1〉 1945년 9월 9일 총독부 건물 앞에서 일장기가 내려오고 대신
성조기가 올라가고 있다.

8월 15일 해방 이후 여운형을 중심으로 하여 결성된 '건국준비위원회(건준)'는 자주적인 독립국가 건설을 위해 움직였다. 8월 18일 미군의 남한 진주 소식이 전해지면서 조선총독부에 다시 행

정권이 회수되기는 하지만 건준을 중심으로 한 조선 민중의 자주독립 의지까지 꺾인 것은 아니었다. 그 결과 8월 말까지 전국적으로 145개의 건준 지부가 조직되었고, 건준은 지방에서부터 인민위원회로 신속히 전환되었다.

이렇게 등장한 인민위원회는 대부분의 지역에서 실질적인 통치기능을 행사하며 민중의 자치적인 권력기관 역할을 담당했다. 이를 바탕으로 중앙에서는 미군 진주를 앞두고 조선인민공화국(인공)을 선포하였다. 인공은 일본 제국주의 법률의 완전한 폐기, 친일협력자 및 민족반역자의 토지 몰수, 철도·통신·금융기관의 국유화 등을 골자로 하는 정강정책을 공표, 자주독립국가 건설을 위한 행보를 적극적으로 펼쳤다.

그러나 미군정은 인공을 인정하지 않았다. 친일·지주세력이 중심이 되어 한국민주당(한민당)을 결성하자 미군정은 이들을 주목했다. 다음은 하지 사령관의 정치고문이었던 메럴 베닝호프가 9월 15일 워싱턴에 보낸 보고서의 일부이다.

> "서울의 정치상황 중 가장 고무적인 단 하나의 요소는 수백 명의 보수주의자들이 존재한다는 사실이다. 그들 중 다수가 일본에 봉사했지만 그런 낙인은 결국 사라질 것이다."(『브루스 커밍스의 한국현대사』, 272쪽)

미군정이 한민당에 주목한 이유는 명백했다. 미군정의 점령정책이 성공하기 위해서는 영어를 할 줄 아는 한국인이 필요했다. 당시 영어를 구사했던 한국인은 상류계급인 지주나 일제 정권에 협력했던 인물들이 대부분이었다. 미군정은 10월 5일 몇몇 한국인을 행정고문에 임명하는데, 이들은 모두 한민당 소속이었다. 여운형은 자신을 제외한 모든 인물들이 친일지주 출신의 한민당 소속임을 확인하고 즉시 고문에서 탈퇴했다.

〈표 1〉 미군정이 임명한 고문들

이름	일제시 직업	교육정도	종교	정당
김성수	동아일보 사장	일본에서 대졸	-	한민당
전용정	목 사	대졸	기독교	한민당
김동원	목 사	대졸	기독교	한민당
송진우	동아일보 사장	일본유학	-	한민당
이용설	세브란스의전 교수	미국유학	기독교	한민당
여운형	독립운동가	중국유학	기독교	건준
외 5인				

다음으로 미군정이 착수한 작업은 조선인민공화국을 불법화하는 일이었다. 45년 10월 10일 미군정의 아놀드 군정장관은 "38도 이남의 조선땅에는 미군정이 있을 뿐이고 그 외에는 다른 정부가 존재할 수 없다"고 못박고 "고관대작을 참칭하는 자들은 흥행가치조차 의심할 괴뢰극을 하는 배우에 지나지 않으며 그 연극을 조종하는 사기꾼은 마땅히 그 괴뢰극을 폐막하여야 한다"는 성명서를 발표했다. 당연히 미군정의 성명에 반발하는 세력은 물리력을

동원해서라도 제거해야 할 대상이 될 수밖에 없었다. 미군정에 근무했던 한 미군장교는 당시 상황을 이렇게 설명하고 있다.

"우리가 이곳에 도착해 보니 이미 조선인민공화국이 지배력을 행사하려고 기도하고 있었다. 그들은 일본인 관리들을 그대로 유임시키기로 한 명령을 위반했다. 그래서 우리는 그들을 분쇄했다."(『다시쓰는 한국현대사 1』, 48쪽)

미군정은 경찰청장, 대법원장, 검찰총장, 법무부장관, 교육부장관 등 주요한 자리에 한민당 인사들을 임명했고, 상당수의 부서는 조선총독부에서 일하던 친일파 집단으로 채웠다. 미군정은 일본이 제정한 법과 규칙의 대부분도 그대로 유지했다. 미군정은 일본 지배의 핵심도구로 기능했던 조선국립경찰 제도를 그대로 유지했다.

<표 2> 미군정 시기 경찰 고위직 현황

직위	46.11. 현재 총원	식민지 경찰 출신	구성비율(%)
총감	1	1	100
관구장	8	5	63
국장	10	8	80
총경	30	25	83
경감	139	104	75
경위	969	806	83

이처럼 미군정은 해방 직후 자발적 노력으로 결성된 조선인민 공화국은 불법단체로 낙인찍고, 친일·지주 출신의 한민당과 협력을 강화하면서 우익정치세력을 지원하였다.

한편 1945년 8월 20일 발표한 소련군의 포고문은 미군의 포고문과는 여러 면에서 어감이 달랐다. "조선은 자유국이 되었다"면서 "붉은 군대는 조선 내에 있는 모든 반일적 민주주의적 당들과 단체들의 광범한 협동의 기본 위에서 자기 민주주의적 정부를 창조함에 조선 인민들에게 보조"적 조치를 취할 것이라고 천명했다. 미군의 포고문이 위압적이고 지극히 행정적이었다면, 소련군은 포고문에서 식민지 지배로 고통받은 조선사람들의 심경을 헤아리며 위로의 말을 건네는 것도 잊지 않았다.

또한 소련군은 미군과 달리 직접 통치하는 방식을 사용하지 않았다. 이는 소련군이 군정이라는 직접적인 통치방식을 추진하지 않아도 자신들의 정책을 관철하는 데 큰 어려움이 없었기 때문이다. 38선 이북에는 소련군에 동조하는 세력만 있었던 것은 아니었지만, 함경도 지역에서는 사회주의, 공산주의 계열의 정치 조직이 빠르게 결성되어 주도권을 쥐었고, 기독교, 우익세력의 영향력이 강했던 평안남도와 황해도의 경우에는 소련군의 개입으로 최소한 대등하거나 세력관계를 역전시킬 수 있었던 것이다.

소련군은 일본군의 무장해제와 함께 신속하게 친일파와 일본 식민통치의 잔재를 제거해 나갔고, 인민위원회 활동을 지원했다. 그 결과 1946년 2월에는 북조선임시인민위원회가 결성되었고, 위원장에는 김일성이 선출되었다. 소련군의 후원 아래 북조선임시 인민위원회는 토지개혁을 실시하고 노동법을 제정하는 등 제반 민주개혁을 신속하게 진행했다. 여성의 평등을 보장하는 법률을 통과시켰으며, 주요 산업과 기업들을 국유화했다.

미군과 소련군의 분할 점령은 분단의 단초를 제공했다. 분할 점령은 남과 북에 서로 이질적인 정치지형을 마련했다. 이남의 미군정은 친일파를 등용하고 직접 군정통치를 시행했으나 이북의 소련군은 항일운동에 참가한 인물이 중심이 돼 결성한 인민위원회의 활동을 후원했다. 이남의 미군정은 일제강점기의 법과 제도를 그대로 남겨두었으나 이북에서는 식민잔재를 청산하고 토지개혁 등을 시행했다. 남과 북에 서로 다른 성격의 사회가 형성되기 시작한 것이다.

2) 신탁통치 분쟁 : '민족 대 반민족'이 '찬탁 대 반탁'의 정치구도로 전환

오랫동안 분단에 대한 소련 책임론에서 가장 중요한 근거가 되었던 것은 45년 12월 모스크바 3상 회의에서 소련이 조선에 대한 신탁통치를 주장했다는 것이었다. 그러나 신탁통치안은 일본이 패전하기 6개월 전에 열린 얄타회담에서 미국의 루즈벨트가 제안한 것이었다. 45년 12월 모스크바 3상회의 결정 내용 역시 와전된 것이었다. 당시 《동아일보》, 《조선일보》 등 국내언론들은 워싱턴 발 기사를 통해 3상회의에서 소련이 강하게 주장하여 한반도 신탁 통치가 결정되었다고 보도했다. 그러나 이 보도는 두 가지 점에서 사실이 아니었다.

첫째, 3상회의에서 신탁통치를 주장했던 것은, 얄타회담에서 루즈벨트가 했던 것처럼, 미국이 제안하고, 소련은 반대했다. 둘째, 그 결과 모스크바 3상회의 결정의 핵심 내용은 조선의 자주독립 국가 건설이었다.

3상회의 결정문의 핵심은 다음과 같다.

1. 조선을 독립국으로 재건하고, 일본의 악독한 잔재를 조속히 청산할 목적으로 임시정부를 결성한다.
2. 조선 임시정부 조직에 협력하기 위하여 미소공동위원회를 조직, 개최한다.

3. 미·영·소·중의 4개국이 공동관리하는 최고 5년 기한의 신탁(후견)통치를 실시한다.
4. 이 문제를 협의하기 위해 미·소 양군 사령관을 대표로 하는 회의를 소집한다.

'임시정부 결성'이라는 3상회의 결정 제1항은 자주독립국가 건설이라는 우리 민족의 과제와 일치한다고 할 수 있다. 그러나 국

<사진 2> 1945년 12월 27일자《동아일보》기사.
소련이 신탁통치를 주장했다는 왜곡보도가 한반도를 강타했다.

내 언론보도에 신탁통치문제만 부각되면서 정국은 '찬탁 대 반탁'
이라는 엉뚱한 논쟁으로 변질되었고, 이남지역은 극단적인 이념
논쟁에 휩싸이게 되었다.

김구와 이승만 그리고 김성수 등의 우파 보수는 "즉시 독립 대
신에 신탁통치를 과하는 것은 조선 민족에 대한 모욕이며, 카이로
선언의 정신에 반한다"며 '반탁'을 표명하였다. 그리고 '찬탁=친
소=매국'이라는 논리를 앞세워 3상회의 결정을 지지하는 정치세
력들과 대결구도를 분명히 했다.

당시 정치상황은 '친탁', '반탁'의 대립이 아닌 '3상회의 결정지
지', '3상회의 결정반대'의 대립이 본질이었다. 이는 한민당 소속
이었던 송진우가 현실적인 관점으로 국제관계를 바라보고 12월

28일 우익단체 모임에서 사실상 '3상회의 결정을 지지하는 발언을 했'는 사실에서도 확인할 수 있다. 송진우는 이 발언을 한 지 이틀 후인 12월 30일 우익 테러범에 의해 암살된다. 여운형과 김규식, 안재홍 등도 제1차 미소공동위원회가 결렬되자 "선 임시정부 수립, 후 탁치 반대"의 구호를 내걸고 3상회의 결정 지지 입장을 표명한다.

문제는 3상회의 결정이 한반도에 와전된 원인이 어디 있는가 하는 점이다. 문제의 《동아일보》 기사가 워싱턴발 기사였다는 점, 그리고 당시 미군정에 의해 엄격한 언론 검열과 통제 조치가 단행되었던 점 등을 감안하면 국내 일간지의 왜곡보도는 사실 미군정의 개입 내지 묵인 없이는 불가능했다.

당시 정치적 상황도 미군정의 개입 가능성에 무게를 더해 준다. 미군정의 반민족적이며 폭력적인 점령정책으로 인해 38선 이남 민중의 미군정에 대한 반감이 고조되고 있었다. 맥아더가 45년 12월 16일 미합동참모부로 보낸 다음의 전문내용은 당시 남한 상황을 잘 설명해주고 있다.

"남한에서 미국은 분할에 대한 비난을 면치 못하고 있으며, 남한에는 일체의 미국적인 것에 대한 분노가 증대되고 있다. 〈중략〉 신탁통치가 부과되는 경우, 한국인은 실제적으로 물리적인 폭동을 일으킬 가능성이 있다고 생각한다."(『미국무성 비밀외교문서』, 169~171쪽)

미군정이 개입한 3상회의의 왜곡보도로 인해 당장 독립을 원했던 많은 민중들이 우파들의 '반탁선동'에 동조하게 되었고, 그 결과 38선 이남에는 강력한 반소·반공 여론이 형성되었다. 또한 '찬탁 vs 반탁' 논쟁은 우리 민족을 이념적으로 분열시키는 결과를 낳게 되었다.

미군정은 조선인들의 강한 자주독립국가 열망을 보고서 의도적으로 모스크바 3상 회의에서 자신들이 신탁통치를 주장한 사실을 숨겼고, 이를 통해 이남에서 반소반공 감정이 격화되는 것을 방조하였다. 또한 미군정은 신탁통치 분쟁 과정에서 촉발된 이념 대립으로 좌익세력을 고립시키고 약화시키려 했으며, 나아가 38선 이남에서 자신의 이해관계를 대변할 수 있는 단독정부를 수립하려는 계획을 추진하였다.

3) 분단정부 수립과 한국전쟁

해방 직후 신탁통치를 통한 한반도의 간접 통치를 꾀했던 미국은 광범위한 반탁 운동의 여파로 정책 전환을 추진하게 되는데, 38선 이남에서의 단독정부 수립이 그것이었다. 특히 이승만은 1946년 6월 정읍발언을 통해 처음으로 38선 남측만의 단독정부 수립 의사를 피력했다.

미소공동위원회 결렬과 함께 대한반도 정책이 바뀌면서 미국은 단독정부 수립을 위해 유엔을 적극적으로 활용하는 방안을 모색하게 된다. 1947년 9월 17일 미국은 소련이 한반도 전체를 통제하려 한다고 비난하면서 한국문제를 유엔 총회에 상정했다. 이는 미국이 모스크바 협정을 파기한 것이었으나 이미 미국의 정책은 유엔을 통한 남한 단독정부 수립으로 방향이 잡혔다. 미국의 영향력 아래 있던 유엔은 한국임시위원단을 구성해 한국 정부의 구성 권한을 갖는 입법기구의 선거를 지원하고 감시하기로 결정했다.

유엔 한국임시위원단은 이남의 우익들에게는 환영받았으나 북측으로부터는 입국승인도 받지 못했다. 더욱이 이남 우익의 절대적인 지지와 환영에도 불구하고 위원단 다수가 유엔 총회에 제출한 견해는 남한만의 단독선거에 대해 비판적이었다.

"38선 이남 남쪽 단독정부 수립은 한국독립의 달성과 외국군의 철수를 촉진하지 못할 것이다. 따라서 남쪽에서 선거를 실시하는 그 어떤 계획도, 비록 그것이 이론적으로는 한국 전체에 적용되는 것이라고 하더라도, 다루는 것은 비현실적이다."

그러나 미국의 외교적 압력과 지원으로 유엔 총회는 한국임시위원단에 "한국 전역에서 선거감시를 실시하고, 만약 불가능하다면 접근할 수 있는 범위에서만 감시활동을 하라"는 결정을 내렸다. 한국독립정부를 구성하기 위한 선거를 한반도 전체에서 실시하기 어렵다면 가능한 지역, 곧 38선 이남지역에서만이라도 선거를 실시하고 그에 관한 감시활동을 하라는 것이었다.

이승만과 한민당은 유엔의 결정을 환영했으나 대다수 민중들은 단선과 그것이 가져올 분단을 반대했다. 남북의 정당·사회단체, 정치지도자들은 단독정부 수립을 막기 위해 남북정당사회단체 연석회의, 남북정치지도자회의 등을 개최하면서 이를 저지하기 위해 노력하였다. 하지만 그러한 노력도 남한만의 단독선거를 막지 못했다. 결국 1948년 5월 10일 남쪽만의 단독선거가 실시되고 8월 15일 대한민국 정부가 출범하였다.

이에 맞서 북한 또한 8월 25일 최고인민회의 대표를 뽑기 위한 선거를 실시하고, 9월 9일 조선민주주의인민공화국의 수립을 선포하게 된다. 이로써 남과 북은 각각의 정권을 수립했고, 한반도의 정치적 분단이 일차적으로 완성된다. 그리고 정부 수립 이후 남과 북은 무장충돌 상황으로 치닫는다.

특히 제주도 4·3사건은 분단 정부 수립 과정에서 일어난 가장 비극적인 사건이었다. 1947년 3월 1일 3·1절 기념식에서 기마경찰에 어린아이가 치이는 사건이 일어나 제주도민들의 강력한 시위가 벌어졌다. 이때 경찰이 시위대에 발포하면서 6명이 사망하고, 6명이 중상을 입는 사건이 벌어졌으며, 시위 중 체포된 주민이 고문을 당해 죽는 일까지 벌어졌다. 이 사건을 계기로 제주도민의 미군정에 반대하는 투쟁은 더욱 본격화되었고, 급기야 1948년 4월 3일에는 남한 단독선거를 반대하는 투쟁에서 무력봉기를 포함한 대규모 항쟁으로 발전하였다.

4·3 제주항쟁은 여순 사건으로 이어지면서 대한민국 전체에 커다란 정치적 파급력을 불러왔다. 여수에 주둔 중이던 제14연대 군인들이 제주항쟁 진압을 목적으로 한 제주도 파견을 거부하며 무기를 탈취하고 반란을 일으켜 도시를 장악하자 남로당과 민중들이 호응하여 순천 등 주변 지역을 장악한 대규모 봉기로 발전한 것이다. 여순 사건은 빠르게 진압되었으나 진압을 피해 지리산 등으로 올라간 봉기군과 주민들은 대규모 유격대 활동을 전개하였다. 제주 4·3 사건과 여순 사건을 계기로 남한에서는 유격대와 이를 저지하려는 군부대 사이의 크고 작은 군사적 충돌이 일상화되었고, 이를 진압하는 과정에서 토벌군의 무차별적인 공격으로 무장대가 아닌 일반 주민들까지 대거 희생되었다.

1949년 한반도에서는 38선과 남한 내부에서 무력충돌이 빈번하게 벌어지면서 '작은 전쟁' 상황이 조성되었다.

〈표 3〉 월별 38선 충돌회수(1949. 1~1950. 6)

	1949년												1950년					
	1	2	3	4	5	6	7	8	9	10	11	12	1	2	3	4	5	6
회수	9	30	34	41	29	18	119	83	94	42	41	60	31	18	70	41	52	4

자료 : Joint Weeka 1949. 1~1950. 6

미군정은 단독정부 수립을 반대하는 남한 내부의 민중투쟁을 강경하게 진압하였다. 또한 미국은 정부 수립 후 38선에서의 남북 간 군사적 충돌에 대해서는 군사고문단을 통해 적극 개입하였다.

미군정이 종식되고 대한민국 정부가 수립되었으나 시위 진압과 군사 작전은 미국인들이 계획하고 한국군이 집행하는 체계였다. 대한민국 정부가 수립되어 38선 이남에 대한 행정권은 이승만 정부에 이양되었으나 1948년 8월 24일 체결된 '한미군사안전잠정협정'으로 한국군에 대한 작전권을 주한미임시군사고문단이 통제하고 있었던 것이다.

1949년 9월 말 주한미군사고문단 단장인 윌리엄 로버츠는 유격대들을 "가능한 빨리 소탕하는" 것이 "대단히 중요하다"고 주장하면서, 한국군과 협력할 보병장교를 더 많이 급파해 줄 것을 워싱턴에 요청했다. 하지의 정치고문인 프레스턴 굿펠로우 역시 1948년 말 이승만에게 편지를 보내 "유격대를 빨리 소탕해야 한다"며 "(한국의)나약한 정책은 미국의 지지를 상실할 것이지만 그 위협을 잘 처리하면 한국은 매우 존중받을 것이다"라고 강조하였다.

2. 분단과 일본

"비록 우리는 전쟁에 패했지만, 조선이 승리한 것은 아니다. 장
담하건데 조선인이 제정신을 차리고 옛 영광을 되찾으려면 100년
이 더 걸릴 것이다. 우리 일본은 조선인에게 총과 대포보다 더 무
서운 식민교육을 심어 놨다. 조선인들은 서로 이간질하며 노예적
삶을 살 것이다. 그리고 나 '아베 노부유키'는 다시 돌아온다."(임
기상, 『숨어있는 한국 현대사』)

일본 식민통치 마지막 조선총독이었던 아베 노부유키가 한반도
를 떠나며 남긴 말이다. 그는 1944년 마지막 조선총독에 임명돼
조선인에 대한 식민지 교육을 철저히 자행한 인물이었다. 아베의
말대로 우리 민족은 갈라졌고, 지금도 서로 이간질하며 싸우고 있
다. 일본 총리 아베 신조는 2014년 7월 1일 "일본은 집단적 자위
권이 있다"고 선포함으로써 한반도 간섭을 위한 포문을 열었다.
'다시 돌아온다'는 아베 노부유키의 말은 70년이 지나 아베 신조

에 의해 현실이 되어 가고 있다.

　민족 분단의 책임이 단지 미국에게만 있는 것은 아니다. 분단의 책임은 그렇게 단순한 문제가 아니다. 분단 책임론에서 반드시 거론해야 할 두 가지 중요한 사항이 있다.

　하나는 분단의 일본 책임 문제이다. 당시 일본은 패전국 신세였기에 지금까지 분단을 포함한 우리의 민족문제에 대한 책임에서 한발 비켜서 있을 수 있었다. 아니 패전국이라는 이름으로 미국의 우산 아래 숨어버렸다고 말하는 것이 더 정확하겠다. 그러나 엄밀하게 말하면 일본의 식민지배 체제가 우리 민족의 분단에서 결정적 역할을 했다고 볼 수 있다.

　가장 간단하게는 안정적인 식민지배의 주요한 수단 가운데 하나였던 치안유지법은 국가보안법으로 '환생'하여 분단체제를 공고하게 만드는 데 결정적인 역할을 했다. 또한 일본이 식민통치를 원활하게 하기 위해 양성했던 '친일파'들은 분단체제를 자양분으로 하여 자신의 생명력을 존속시킬 수 있었다. 그 친일파의 많은 후예들이 70년이 지난 지금에 와서는 자주와 통일, 민주주의를 가로막는 커다란 걸림돌로 작용하고 있다. 이것이 오늘날 한국의 현실이다. 그렇게 본다면 일본의 식민지배 체제 자체가 우리의 분단과 직접적으로 연결되어 있다고 볼 수 있는 것이다.

　우리 민족의 분단과 예속은 일본의 조선 침략 과정에서 그 씨앗이 발아되었다. 첫째, 일본은 우리 민족의 저항을 억누르기 위해 철저한 민족말살정책을 실시하였다. 아베 노부유키가 호언한대로

'총과 대포보다 더 무서운 식민교육을 통해 노예정신'을 우리 민족에게 심으려고 획책하였다. 그리고 친일파를 대대적으로 육성하여 조선통치의 근간으로 삼았다. 이들 친일파들은 해방 이후 미국에게 들러붙어 우리 민족을 학살하고, 민족의 자주독립국가 건설 노력을 파괴하는 선봉에 섰다.

둘째, 일본이 탈아입구론과 대동아공영권을 앞세워 조선과 중국을 중심으로 한 아시아 침략과 전쟁을 벌이지 않았다면, 태평양전쟁이 발발하지도 않았을 뿐더러 우리 민족의 분단 또한 존재할 수 없었다. 직접적으로는 해방 후 분할점령으로 남과 북에 미군과 소련군이 주둔하고, 미국이 모스크바 협정을 무산시키고, 유엔을 통한 남한의 단독선거를 추진하면서 분단이 되었다. 하지만 그와 같은 분단의 씨앗은 일찍이 일본 제국주의의 한반도 침략과 식민통치에서 뿌려졌다.

셋째, 해방 이후 미군의 남한 주둔 사실을 확인한 조선총독부(일본)는 미군정(미국)과 밀착하여 자신의 살길을 도모하였고, 그 과정에서 한반도의 분단에도 중요한 역할을 했다. 패전을 직감한 조선총독은 건국동맹의 여운형을 만나 일본인의 무사한 귀국을 보장하는 대가로 조선의 통치권을 넘긴다고 약속했다. 그 약속에 기초해 여운형은 건국준비위원회를 결성하여 자주독립국가 건설의 기틀을 만들어 나갔다. 그러나 미군 진주 정보를 확보하자 조선총독은 이 같은 약속을 뒤엎어 행정권을 회수하고 조선주둔 일본군 무력을 유지했다.

그리고 미군이 상륙하고 미군정이 실시되자 자신의 모든 통치 구조와 인력을 미군정에 바침으로서 조선총독부를 대신하여 미군정이 38선 이남에 대한 통치권을 빠르게 행사할 수 있도록 했다. 또한 일본(조선총독부와 조선주둔 일본군)은 조선과 조선인에 대한 왜곡된 정보를 제공함으로써 미군정이 편견과 독단으로 점철된 남한 통치정책을 수립하고 민중운동세력을 탄압하도록 하는데 일조했다.

분단 책임론에서 거론해야 할 또 다른 문제는 조선 말기 대한제국을 지배했던 위정자들의 사대적이며 매국적인 행위가 결국은 한반도의 분단을 낳은 한 요소가 되었다는 점이다. 일본제국주의자들의 식민통치가 분단의 기원을 이룬다고 본다면, 일본제국주의자들의 조선침략을 방조했던 구한말 위정자들의 사대매국행위야말로 조선의 식민지화와 분단을 가져온 출발점이라고 할 수 있다.

민족과 민중의 요구에 반하는 위정자들의 통치는 우리 민족의 역사에만 국한되는 것도 아니고, 서구 열강의 침탈이 본격화된 구한말 이후 이야기만도 아니다. 그럼에도 불구하고 구한말 시대 이후 위정자들의 반민족적, 반민중적 행태는 서구 열강의 침략이 본격화하는 시대적 상황 때문에 그 폐해가 더욱 컸다.

그들의 행태와 폐해는 스스로의 힘으로 나라의 운명을 개척하려는 의지보다 외세에 기대어 보려는 반민족 사대주의 사상의 작용 결과라고 할 수 있다. 을사오적의 대표적인 인물인 이완용 같은 경우 친미파였다가 러일전쟁 승리로 일본이 조선에서 지배권을 확보하자 1905년 을사늑약 체결을 주도했다. 그 뒤 이완용 일가는 '이완용-이항구-이병길'로 이어지는 3대에 걸쳐 일본 식민통치에 적극적으로 부역하면서 부와 권력을 향유하였다.

이와 같은 행태는 일제 식민지 시대에는 친일파, 미군정 시대에는 친미파, 이승만과 박정희로 이어지는 독재정권에는 독재정치의 선봉장으로 변모하며 자신의 이익만을 추구하였다. 구한말부터 형성되어온 친일파의 맥을 잇는 지배세력의 계보가 굳건히 한국사회에서 '특혜'를 누리고 있는 반면, 독립유공자의 유족들은 대부분 참담한 신세를 면치 못하고 있다. 2009년 《시사인》의 보도에 의하면 독립유공자 유족 6,283명 중 직업 없는 사람이 60% 이상, 봉급생활자가 10% 이하, 중졸 이하의 학력이 55% 이상이다. 그나마 직업 있는 사람 40% 중에서 가장 많이 종사하는 직종이 경비원으로 나타났다. 친일파는 대를 이어 '기득권층'으로 남아있지만, 독립유공자는 '찬밥신세'를 면치하고 있는 것이다.

제2장 분단체제의 성격과 변화

"2000년 '북미공동코뮤니케'의 사례에서 보듯이 클린턴 정부 시기 북미 관계가 급진전될 수 있었던 것은 남북관계의 지속적 발전이 북·미 간의 적대적 냉전체제를 해소하고, 한·미의 예속적 동맹체제를 흔드는 촉매제가 될 수 있음을 확인시켜 주는 것이었다. 6·15 공동선언 이후 남북관계 발전이 한반도 전쟁과 분단체제를 흔드는 중심축으로 작동하기 시작한 것이다."

1. 북미관계와 한미동맹체제

　　1953년 7월 27일 정전협정이 체결되었다. 그러나 '모든 외국군의 철수'와 '한반도 통일'을 논의하기 위한 정치회담이 성사되지 못함으로써 북미 두 나라를 중심으로 한 적대체제가 더욱 공고해졌다. 특히 한미동맹은 북미 적대체제가 공고화되는 결정적 역할을 하였다.

　　정전협정 60항은 '(협정 체결 후)3개월 내에 모든 외국군의 철수와 한반도의 통일을 위한 한 급 높은 정치회담을 개최한다'고 명시하고 있다. 그러나 한미 양국은 정전협정 체결 3개월이 채 지나기도 전인 1953년 10월 1일 한미상호방위조약을 체결함으로써 정전협정을 위반하였다. 한미상호방위조약은 4조에서 "상호합의에 의하여 미합중국의 육군, 해군과 공군을 대한민국의 영토내와 그 부근에 배치하는 권리를 대한민국은 이를 허여하고 미합중국은 이를 수락한다"고 하여 미군 주둔권을 인정하였다.

한편 미국은 한반도에 핵무기를 배치함으로써 정전협정 13-ㄹ 항을 위반하였다. 13-ㄹ 항은 현존하는 무기체계의 '1 : 1 교환' 외에 모든 무기류의 반입을 금지하고 있다. 그런데 미국은 1957년 6월 21일 판문점에서 열린 군사정전위원회 회담에서 13-ㄹ 항의 폐기를 일방적으로 선언했다. 1958년부터 핵무기를 적재할 수 있는 신형 전투기들이 일본의 오키나와 기지에서 한국으로 이동배치되기 시작했다. 한반도에 핵무기를 배치하기 시작한 것이다.

주한미 8군 산하 제7보병사단은 핵전쟁에 대비한 '펜토믹'(Pentomic) 사단으로 개편되었으며, 280mm 핵대포와 지대지 미사일인 어니스트 존(Honest John)은 말할 것도 없고, 핵을 장착한 마타도어(Matador) 크루즈 미사일 1개 비행중대를 남쪽에 상주시켰다. 1976년까지 한국에 배치된 핵무기 총수는 680개를 상회하였다.

한미동맹은 핵무기 배치와 더불어 한미연합군사연습을 통해 북미 적대체제를 더욱 강화하였다. 1976년부터 시작된 팀스피리트 훈련*은 1993년까지 해마다 실시되던 한미연합군사연습으로 북에 대한 상륙작전까지 포함된 대표적인 대북전쟁훈련이다. 게다가 이 훈련은 한국군과 주한미군뿐 아니라 오키나와 등에 있는 주

---

* 팀스피리트 훈련은 1994년 핵위기를 거치면서 RSOI 훈련으로 명칭이 바뀌어 역시 해마다 진행되었으며, 2000년대 중반에 이 훈련은 독수리훈련과 통합되어 진행되다가 현재에는 키리졸브 훈련과 프리덤가디언 훈련으로 바뀌어 진행되고 있다. 그러나 훈련의 대북 적대성은 변함이 없다.

일미군까지 포함되는 대규모 훈련으로 참가 인원이 작게는 5만에서 많을 때는 20만이 넘는 병력이 참여할 정도였다. 훈련의 내용 역시 상륙작전뿐 아니라 미사일 발사 훈련, 도하훈련, 전략공수공중투하훈련, 전투기전투훈련, 지상공격훈련 등 공격성 훈련이 주를 이루었다.

또한 한미동맹은 5027 작전계획으로 대표되는 전쟁계획 속에 북한에 대한 상륙작전 그리고 북한 체제의 붕괴, 김정일 암살작전 등을 포함시킴으로써 한반도 전쟁구조를 더욱 견고하게 쌓았다. 5027 작전계획 1994년판에는 폭격기를 통한 대북공습이 포함되어 있었으며, 1998년판에는 북측 주요시설에 대한 선제공격이, 2002년판에는 김정일 암살작전과 한국과 상의 없이 전쟁을 시작하는 계획이 포함되어 있었다.

이 과정에서 한반도는 미국에 의해 핵전쟁 전진기지가 되었다고 해도 과언이 아니다. 미국은 한국전쟁을 계기로 대량보복전략이라는 핵전략을 채택했다. 소련이나 소련이 지원하는 세력이 개입된 국지전의 경우 재래식 대응에만 한정하지 않고 소련 본토를 포함하여 미국이 선택하는 장소에 핵공격을 하겠다는 전략이었다. 이 전략의 일환으로 한반도에 핵무기를 배치하였던 것이다.

1974년 국방예산에 관한 미의회 청문회에서 존 맥그루거 당시 미공군 장관은 다음과 같이 증언했다.

"한국에서의 핵무기 사용은 한정된 수의 무기를 극히 선택적인 방식으로 사용하는 것에서부터 타격을 상당한 강도로 집중시키는 경우까지, 게다가 방대한 지리적 구역 전체에 걸쳐 광범위하게 사용하는 경우까지, 여러 가지 경우가 있을 수 있기 때문에 핵무기의 다양성이 요구된다.

이들 무기는 전투구역 전선 가까이 있는 목표를 공격하는 데 사용하는 무기부터 넓은 지역 목표나 견고한 목표나 분산된 병력을 공격하는 데 쓰이는 무기까지 여러 가지가 있다."

이 같은 미국의 대한 군사정책과 함께 한반도는 늘 전쟁 위협에 시달려야 했다. 미국의 대북 적대정책과 북한의 대남·대미 적대정책은 한반도 전쟁위기의 중요한 근원이 되었다. 아래 표는 대표적인 한반도 전쟁위기 사례이다.

전쟁 위기의 원인은 남북한과 미국이 함께 제공했지만, 가장 결정적인 열쇠는 미국이 쥐고 있다고 해도 과언이 아니다. 남한 사회에는 '북한의 도발'이 전쟁위기의 주범으로 알려져 있으나 한쪽에만 원인이 있지는 않다. 실제로 많은 경우 한미 양국의 '대북 적대정책'이 전쟁위기의 주범으로 작용해왔다.

문제는 이런 전쟁위기가 과거형이 아니라 현재진행형이라는 점에 심각성이 있다. 가장 최근에는 2013년에 또 다시 '전쟁위기설'에 휩싸였다. 북한의 인공위성 발사에 대해 유엔안보리가 제재를 가하자 다시 북한이 핵실험으로 응수하면서 사태가 심각해졌다. 한미 양국은 2월 11일 미 핵잠수함 샌프란시스코호와 이지스 순양함 샤일로호 등 수십 척의 함정을 동원하여 북한에 대한 선제타

〈표 4〉 한반도 전쟁위기 사례

1968년 〈푸에블로호 사건〉	미 해군 전자정보수집함 푸에블로호가 북의 영해를 침범하여 북한군 함정이 나포한 사건. 미국은 공중투하용 중력폭탄 등 핵무기 장착 항공모함 세 척과 F-105 전투폭격기 편대 수백기를 한반도에 투입.
1969년 〈EC 정찰기 격추 사건〉	미 해군 전자정찰기 EC-121기가 북의 영공을 침범하여 북의 요격기 미그21이 격추한 사건. 미국은 북에 대한 응징 방안을 검토하면서 핵장착 항공모함 네 척과 수백기의 전투폭격기를 한반도 인근에 집결.
1976년 〈포플러나무 벌채 사건〉	미군이 판문점 공동경비구역에 있는 포플러 나무를 거추장스럽다며 북과 상의 없이 벌채를 하려다가 북측 경비병과 충돌. 미군이 북 경비병을 향해 도끼를 던졌으며, 도끼를 주워들은 북 경비병이 공격하여 미군 두 명이 사망한 사건. 미국은 항공모함을 북 해협에 투입하였고, 전략폭격기 B-52와 핵공격기 F-111을 파견. 북한 최현 인민무력부장의 유감 표명.
1994년 〈북미 핵공방 속 전쟁위기〉	1994년 3월 16일 미국이 페트리어트 미사일과 아파치형 전투헬기 남쪽 배치 결정. 6월 2일부터 인디펜던스 항공모함을 환태평양에 배치하고, 미군 1개사단 중파를 고려. 6월 16일엔 주한미군사령관과 주한미대사가 비상체제를 가동, 남쪽에 있는 미국인 소개작전 추진. 지미 카터 방북시 김일성 주석과 극적인 핵타결로 위기 종료.
1998~99년 〈금창리위기〉	미국이 북의 금창리 지하시설 핵개발 의혹을 제기하며 북을 선제공격한다는 작전계획 5027-98을 발표. "우리는 그것을 모두 죽여 군대라고 할 수 있는 걸 가질 수 있는 모든 능력을 없애버릴 것"이라고 발표하고, 모의 핵폭탄 DU-38 투하훈련 전개. 미국이 관람료 명목으로 북에 60만 톤의 식량지원을 하고 금창리 지하시설을 '관람'하였으나 '텅빈 시설'로 판명.

격훈련을 벌였다. 북한도 이에 대해 공중강습훈련 등 침투훈련으로 맞섰고, 3월 1일 한미 양국은 한국군 20만, 미군 3만의 병력을 동원해 세계 최대의 군사훈련 키리졸브-독수리 훈련에 돌입하였다.

북한 조선인민군 최고사령부는 키리졸브 연습이 시작되는 3월 11일에 정전협정을 백지화한다고 선언하고 핵 선제타격 권리를 행사할 것이라고 경고하였다. 그러자 한국 국방부도 "김정은 정권은 지구상에서 소멸할 것"이라고 강한 어조로 대응했다. 한미 군사연습은 더욱 심각한 양상으로 전개되었다.

3월 18일, 한국을 방문중인 애쉬튼 카터 미국 국방부 부장관은 이례적으로 기자회견을 열고 다음날인 19일 "한반도 지역에서 B-52폭격기 비행훈련을 한다"고 밝혔다. 국방부 김민석 대변인은 "B-52는 미국이 제공하는 핵우산 3개 축 가운데 하나"이며, 이번 훈련이 "미국의 한반도 방위공약의 일환인 핵우산 제공을 확인시켜주는 의미"라고 언급함으로써 이 훈련이 핵무기 투하 훈련이었음을 시인하였다. 지난 수십 년간 한반도에서 군사훈련이 진행되었지만, 핵전쟁을 공론화하며 훈련한 것은 최초의 일이었다.

3월 8일과 19일에 이어 25일 세 번째로 B-52전략핵폭격기가 한반도에서 핵전쟁훈련을 단행하고 핵잠수함이 부산항에 입항하자, 북한은 조선인민군 최고사령부 성명을 통해 '미국 본토와 하와이, 괌도를 비롯한 태평양군작전전구안의 미군기지' 등을 타격하는 '전략로케트군과 장거리 포병부대들을 포함한 모든 야전포병군집단들을 1호 전투근무태세에 진입'시킨다고 발표하고, 유엔안보리에도 한반도에 '일촉즉발의 핵전쟁 상황이 조성되었다는 것'을 통보하였다.

군사적 위기는 계속 고조되었다. 28일 미 본토에서 공중급유까지 받아가며 스텔스 핵폭격기인 B-2 두 대가 날아와 폭격훈련을 하고 돌아갔다. 미 본토에서 핵폭격기가 전개된 것은 사상 최초의 일로, 미 공군에 따르면 B-2 전략폭격기 두 대는 일반 전투기 75

2013년 3월 한반도 전쟁위기

한·미		북한
3월 8일 • 유엔안보리 대북제재 결의 2094호 채택	3월 8일	• 남북불가침협의 전면폐기 선언 • 판문점 연락통로 단절 선언
11일 • 키리졸브 훈련 돌입	13일	• 김정은, 연평·백령도 겨냥 포사격훈련 지도
19일 • B-52 미 전략폭격기 한반도 상공 훈련	20일	• 김정은, 무인타격기 발사 훈련 지도
25일 • 서해 해상기동훈련 돌입	26일	• 김정은, 1호 전투태세 돌입 지시 • 동해서 국가급 협동훈련실시
	27일	• 남북간 군 통신선 단절
28일 • B-2 스텔스 미 폭격기 한반도 상공 훈련	29일	• 김정은, 미사일 부대에 발사대기 지시 • 미그-21기 세부전선 전술조치선(TAL) 접근 비행

※ 이때 미국과 북한은 도상(圖上) 전쟁을 치렀다.

대에 해당하는 공습임무를 수행할 수 있으며, 120킬로톤급 B83 전략핵폭탄도 실을 수 있다고 한다. 일본 히로시마를 초토화한 핵폭탄의 10배에 달하는 파괴력이다. B-2 전폭기는 스텔스 기능을 탑재하고 있어 레이더에 포착되지 않으므로 미국 스스로 공개하지 않은 다음에야 훈련 사실을 절대 알 수 없는데, 이를 이례적으로 공개한 것은 노골적인 핵공격 무력시위로밖에 볼 수 없다.

그 직후인 3월 29일 새벽 0시 30분, 북한 김정은 제1위원장이 전략로켓군 화력타격임무 수행관련 작전회의를 소집하였다. 언론보도에 따르면 이날 김정은 제1위원장은 "아군전략로켓들이 임의의 시각에 미국 본토와 하와이, 괌도를 비롯한 태평양작전전구 안의 미제 침략군기지들, 남조선주둔 미군기지들을 타격할 수 있게 사격대기상태에 들어갈 것"을 지시하면서 전략로켓들의 '기술준비공정계획서'에 최종 서명한 것으로 알려졌다.

북한 조선중앙통신은 이 작전회의 사진을 공개하였는데, 미국 본토와 하와이, 괌을 비롯한 주요 작전기지들을 겨냥한 미사일 타격지도가 공개되었다. 미국은 서부 알래스카에 요격미사일 14기를 추가 배치한데 이어 F-22 스텔스 전투기도 한반도에 출격시켰고 미사일을 탑재한 이지스함을 한반도 남서해역으로 급파하였다.

해외의 종군기자들이 한반도로 모여들기 시작하였다. 제임스 서먼 주한미군 사령관은 '한반도 상황이 매우 불안하고 위험하다'고 시인하였다. 사소한 우발적 충돌이나 오판이 전쟁을 불러올 수 있는 일촉즉발의 상황이 된 것이다.

상황은 오바마 행정부가 대북 군사력 시위 계획인 '플레이북' 실행을 잠정 중단하면서 정돈되었다. 조지 리틀 미 국방부 대변인은 4월 2일, 한반도의 "온도"를 낮추기를 희망한다고 밝히고, 이어 헤이글 국방장관이 3일 "복잡하고 불붙기 쉬운 (한반도)상황"을 악화시키길 원하지 않는다고 밝히고 나섰다. 미국의 무력시위에서 시작된 한반도 위기상황은 마무리되었다.

그러나 한반도 전쟁위기는 일상화, 상시화단계로 접어들었다는 점에서 더 큰 문제가 있다. 2014년 7월 31일 북한은 한미 을지프리덤가디언 훈련을 겨냥해 "우리는 핵에는 핵으로, 미사일에는 미사일로, 북침전쟁연습의 연례화, 정례화에는 정의의 조국통일대전을 위한 군사훈련의 연례화, 정례화로 단호히 대응해나갈 것"이라고 천명했다. 한미군사연습마다 정례적인 대응훈련을 실시하겠다는 것이다. 한미군사연습은 북한의 군사연습을 부르고, 북한의 군사연습은 한미군사연습을 더욱 강화시켜, 전쟁위기가 일상화, 상시화되는 구조가 형성되고 있는 것이다.

여기에 박근혜 정부의 대북 삐라살포 방치는 남북간 군사적 충돌 가능성까지 일상화시켜 놓았다. 지난 해 10월 10일에는 대북 전단이 살포되자, 북측은 대형 풍선을 향해 고사포를 발사했다. 19일에도 비무장지대에 북측 군인들이 들어와 남북 간에 총격전이 벌어졌다. 인근 지역의 관광객과 영농 주민들이 긴급히 대피하는 소동이 일어났다.

한미군사연습과 대북 삐라살포로 인해 한반도 전쟁위기와 충돌이 일상화, 상시화되고 있는 것이다.

그렇다면 전쟁이 일어나면 어떤 상황이 발생할까? 지난 2012년 한 드라마가 그 참혹한 결과를 적나라하게 보여주었다.

"한반도에서 전쟁이 일어난다면 피해 상황은 어느 정도나 됩니까?"

"개전 하루만에 군인 20만, 수도권 시민 150만 명이 죽거나 다칠 겁니다. 일주일이면 군 병력은 최소 100만, 민간인 500만 명이 죽거나 다칩니다. 피해액은 1000억 달러, 피해복구비용은 3000억 달러, 이게 다 94년 기준입니다. 현재는 2배 이상 늘어나겠죠. 마흔살 이하 남자는 거의 다 죽는다고 보면 됩니다. 민족의 공멸입니다."(2012년 MBC드라마 〈더킹 투하츠〉 중에서)

이것은 드라마 작가의 상상력이 아니다. 1994년 전쟁위기 당시 미국은 전쟁 시뮬레이션을 실시했다. 그 결과 "한반도에서 전쟁이 일어나면 처음 90일간 미군 사상자가 5만 2000명, 한국군 사상자는 49만 명", "재정지출도 610억 달러를 넘을 것으로 예상", "한반도에서 전면전이 재발할 경우 사망자는 100만 명에 이를 것이며, 미국인도 8만에서 10만 명이 죽는다. 또 미국이 자체 부담해야 할 비용은 1000억 달러를 넘는다. 전쟁 당사국과 인근 나라들 재산 파괴와 경제활동 중단에 따른 손실은 1조 달러를 넘을 것이다"라는 결과가 나왔다(돈 오버도퍼, 『두 개의 코리아』).

그로부터 10년 후인 2004년 한국 합동참모본부가 실시한 「남북 군사력 평가 연구」에서는 1994년의 피해 추정치보다 1.5배 이상 늘어난 전쟁 피해가 예측되었다. 한반도 전쟁 발발 이후 24시간 이내에 수도권 시민과 국군, 주한미군을 포함한 사상자가 1994년 추정치였던 150만 명에서 230여만 명으로 늘어날 것으로 예상된 것이다. 다시 10년이 넘는 시간이 흘렀다. 북한은 핵무기까지 보유하고 있다. 그 결과는 숫자로 헤아리기조차 힘든 치명적 상황을 맞이하게 될 것이다.

한반도의 분단은 이렇듯 전쟁위기 속에서 살아갈 것을 강요하고 있다. 분단은 전쟁의 공포 속에서 우리 국민이, 우리 민족이 살아갈 것을 강요하고 있다. 우리는 선택해야 한다. 전쟁의 공포를 겪으며 분단을 유지할 것인가, 아니면 분단을 극복하고 통일을 통해 평화적 환경을 만들어 낼 것인가. 결과는 불문가지이다.

2. 분단체제와 한국사회의 왜곡

북미 적대관계와 한미동맹체제가 강화되면서 한반도 분단체제는 고착화되고, 구조화·제도화되었다. 대개 분단체제를 남북 간의 문제로 이해하려는 경향이 있다.

그러나 한반도 분단체제는 남북관계의 문제로 한정할 수 있는 단순한 것이 아니다. 한반도 문제의 중요한 행위자인 남과 북, 그리고 미국이 각각 상호작용하면서 한반도 분단체제가 형성되었다. 남북 사이의 군사적 대치와 정치적·이념적 대결로 상징되는 남북 분단체제는 한반도 분단체제의 하위체계라 할 수 있다.

한반도 분단체제는 한국사회를 대단히 기형적으로 만들었다.

1) 외세의존형 사회구조

첫째, 한국은 형식적으로는 자주적인 독립국가지만 정치적, 군사적, 경제적 측면에서 미국에 많은 부분 종속된 구조로 되어 있다.

다음은 1954년 11월 17일 「한미합의의사록부록 A : 효과적인 경제계획을 위한 조치」의 내용이다. 미국은 한국의 환율, 외환 보유, 국가예산 등에 대해 통제권을 갖고 있었다는 사실을 알 수 있다.

"대한민국은 경제계획을 효과적인 것으로 하기 위하여 다음 사항을 포함하는 필요한 조치를 취한다.

1. 환율에 관하여는 대한민국 정부의 공정환율과 대충자금환율을 180대 1로 하고 한국은행을 통하여 달러화를 공매함으로써 조달되는 미국군의 원화 차출금에 충당하기 위하여 공정환율과 상이한 현실적인 환율로 교환되는 달러화교환에 관하여 미국이 제의한 절차에 동의하며, 일반적으로 원조물자도 유사한 환율에 의한 가격으로 한국경제에 도입함으로써 그러한 재원의 사용으로부터 한국경제와 한국예산에 대한 최대한도의 공헌을 얻도록 한다. 미국에 의한 원화차출에 관한 현존협정들의 운영은 전기한 조치가 실제에 있어서 양국정부에게 다같이 만족하게 실시되는 한 이를 정지한다.

2. 미국이 현물로 공여하지 않은 원조계획을 위한 물자는 어떠한 비공산주의 국가에서든지 소요의 품질의 물자를 최저가격으로 구입할 수 있는 곳에서 구매하는 데 동의한다(이는 세계적인 경쟁가격에 의한 가능한 최대한의 구매를 한국에서 행함을 목적으로 하는 것임).

3. 국가 자신의 보유외화의 사용을 위한 계획에 관한 적절한 정
   보를 관계 미국대표자들에게 제공한다.
4. 한국예산을 균형화하고 계속하여 인플레를 억제하기 위한 현
   실적인 노력을 행한다(양국 정부의 목적하는 바는 한국예산
   을 인플레를 억제할 수 있는 방식으로 발전시키는 데 있다)."

주한미군이 한국군의 작전통제권을 갖고 있는 것은 이미 잘 알
려져 있다. 우리나라 헌법은 군대에 대한 통수권을 대통령에게 부
여하고 있으나 한미동맹 관계로 인해 대통령은 헌법이 부여한 군
통수권을 사실상 행사하지 못하는 상황에 처해 있는 것이다. 1994
년 평시 작전통제권이 한국군에게 환수되기는 했으나 이 역시 작
전계획 수립, 훈련 진행 등에 대한 실질적인 권한은 평시에도 여
전히 미군 사령관에게 부여되었다.

노무현 정부 때 2012년 4월 17일 전시작전통제권을 환수하기로
합의했으나 이명박 정부 때 2015년 12월 1일로 연기했고, 박근혜
정부는 아예 무기한 연기하였다. 유엔 가입 196개국 중 다른 나라
군대 사령관에게 전시작전통제권을 넘겨주고 환수받을 생각이 없
는 유일한 나라가 우리나라라고 한다면 너무 지나친 표현일까?

사법주권 역시 정상적으로 행사되기 어려운 구조를 갖고 있다.
한미 소파협정으로 알려진 '주한미군 주둔군 지위협정'은 한국에
서 한국인에 대해 범죄를 저지른 미군을 한국의 사법절차로 처벌
할 수 없도록 규정하고 있다. 몇 차례 소파 개정으로 일정한 제도

개선이 이루어졌다고 하지만 근본적인 문제는 여전히 해결되지 않고 있다.

첫 번째 사례로 2001년 1월 서울 녹사평역 지하수가 대량의 기름에 오염된 것을 들 수 있다. 조사 결과 기름의 유출은 미8군 기지 내 주유소 주변이었다. 사고 당시 미군은 기지 내부의 오염원을 완전히 제거하고 정화했다고 발표했다. 그러나 2006년 발암 물질로 알려진 벤젠이 5개 조사 지점에서 기준치의 최저 14.8배에서 최고 1988배까지 초과할 만큼 엄청나게 오염된 사실이 발견되었다. 서울시는 미8군 기지에 대한 현장 확인도 하지 못하고 있다. 결국 서울시는 자체 예산으로 지하수 오염조사 및 정화작업을 수행하였으며 그 비용을 소송을 통해 우리 정부로부터 배상받고 있다.

두 번째 사례로 2012년 7월 평택에서 미군기지 밖 순찰을 돌던 미 헌병 7명이 상가 앞에 주차된 차량이 퇴거 요구에 불응한다는 이유로 민간인 3명에게 수갑을 채워 불법 체포한 사건을 들 수 있다. 사건 발생 후 평택 경찰은 가해 미군들을 기소 의견으로 검찰에 송치하였다.

그러나 해당 미군들은 2013년 2월 검찰의 동의 아래 우리나라를 떠난 것으로 확인됐다. 검찰은 사건이 발생한 지 거의 1년이 지난 2013년 6월에야 "미군들이 적법한 권한을 넘어 민간인들을 불법 체포했다"며 관련 미군들에 대한 전원 기소 방침을 미군 측에 전달했다. 그러나 미군 측은 "공무집행 중에 일어난 일"이라며

'공무증명서'를 제출하였고 결국 2013년 12월 13일 법무부장관이 돌연 재판권불행사를 결정하였다. 그러자 검찰은 바로 '공소권 없음' 불기소 처분을 내려 사건을 종결지었다.

2) 과도한 국방비 지출

둘째, 과도한 국방비 지출로 인해 국민 복지가 심각하게 희생당하고 있다. 우리나라의 국방비는 연간 34조원으로, 세계 8위를 차지한다. GDP 대비 국방비로 계산할 경우 그 순위는 더 올라간다. OECD가 규정하고 있는 '국방비 등 질서유지관련 지출'의 경우 비중이 GDP 대비 4.2%에 이르고 있는데, 미국, 영국에 이어 세계 3위이다. OECD 국가들의 평균치가 GDP의 1.6% 수준임을 고려할 때 현재 한국이 부담하고 있는 국방예산은 매우 높은 편임을 알 수 있다.

정부의 지출 규모를 기준으로 보면 OECD 회원국 정부의 총지출 대비 국방비 비중은 평균 3.3%인데, 한국은 10.5%로 3배 이상 높다. 만일 OECD 국가들 평균 수준으로 국방비를 줄일 수 있다면, 즉 현재의 1/3 수준으로 국방비를 줄일 수 있다면, 연평균 20조 이상의 국가예산을 다른 곳에 활용할 수 있다는 얘기이다.

우리 국방비 부담률이 비정상적으로 높은 결과, 사회복지 관련 지출은 세계 최하위 수준에서 벗어나지 못하고 있다. 『2014년판

<표 5> 녹색연합의 정보공개청구 결과

번호	청구날짜	내용	담당부서	공개여부
1	2006. 4.24	환경정보공유 및 접근절차 부속서 A공개	환경부	공개
2	2006. 4.10	미군의 토지반환을 위한 실행 계획서	국방부	비공개
3	2006. 4. 2	반환 미군기지 현황	국방부	부분공개
4	2006. 4. 2	반환 미군기지 환경오염조사 2005 환경분과위원회 회의록(안건목록)	환경부	비공개
5	2006. 2.20	반환 미군기지 환경오염조사 아리랑택시부지 정화비용과 업체	환경부	자료부존재
6	2005.12.25	184차 SOFA 합동위원회 회외록	외교통상부	비공개
7	2005.12.22	파주시 반환 미군기지 환경오염조사결과와 일정	환경부	비공개
8	2005.12.20	반환 예정인 평택 CPX 훈련장 현황	국방부	부분공개
9	2005.12.20	미군기지 반환 여부	외교통상부	공개
10	2005. 6. 6	파주시 반환 대상지인 캠프 보니파스/리버티벨 오염조사 현황	환경부	비공개
11	2005. 5. 2	1차 SOFA 환경분과위원회 회의록	환경부	비공개
12	2005. 3.24	2005년 반환 미군기지 오염조사 일정	환경부	비공개
13	2005. 3.11	반환 미군기지 환경 관련- 현재 완료된 오염조사 현황	환경부	비공개
14	2005. 2.23	반환 미군기지 환경오염조사 관련 자료 요청- 지자체 보낸 공문과 내용	환경부	부분공개

* 2005~2006년 녹색연합이 국방부, 환경부, 외교통상부를 상대로 반환 미군기지 환경에 관한 총 14건의 정보공개신청을 하였는데, 전체 공개된 것은 단 2건에 불과하다.

OECD 통계연보』에 따르면 2012년 한국의 GDP 대비 사회복지 지출 비중은 9.3%로 OECD 회원국 30개국 가운데 국가부도사태를 맞았던 멕시코 다음인 29위이다. OECD 평균 사회복지 지출 비율은 21.8%인데, 한국은 그 절반에도 미치지 않는 규모이다. 국방비 비중이 다른 나라보다 3배 많다보니 사회복지 지출 비중은 거의

<표 6> OECE 국가 GDP 대비 복지예산과 국방예산 비중

국명	GDP 대비 복지예산 (교육예산 제외)	GDP 대비 국방예산	국방비/복지비
덴마크	29.20%	1.40%	4.8%
스웨덴	28.90%	1.20%	4.2%
프랑스	28.50%	2.50%	8.8%
독일	27.40%	1.40%	5.1%
벨기에	27.20%	1.20%	4.4%
스위스	26.40%	0.80%	3.0%
이탈리아	24.40%	1.80%	7.8%
그리스	24.30%	3.20%	13.2%
네덜란드	24.30%	1.50%	6.2%
폴란드	23.00%	1.80%	7.8%
영국	21.80%	2.70%	12.4%
포르투갈	21.10%	2.10%	10.0%
스페인	19.60%	1.10%	5.7%
뉴질랜드	18.50%	1.20%	6.5%
호주	18.00%	1.90%	10.6%
캐나다	17.80%	1.50%	8.4%
일본	16.90%	1.00%	5.9%
미국	14.80%	4.70%	31.8%
멕시코	11.80%	0.50%	4.2%
대한민국	8.50%	2.60%	30.6%

* GDP 대비 복지예산 : 2013, 2014년 자료. 대한민국은 2010~2011년 평균
* GDP 대비 국방예산 : 2009년 자료

1/3 수준에 그치는 셈이다.

　〈표 6〉은 우리나라의 복지 실상을 정확하게 보여준다. 복지비 대

비 국방비 지출에서 우리나라는 미국에 이어 두 번째 순위에 올라 있다. 그만큼 복지는 축소되고 전쟁 비용은 증대되어 있는 것이다.

국가예산뿐 아니라 사회적 손실까지 감안하면 그 희생은 더욱 커진다. 한국의 경우 60만 이상의 정규군을 유지하고 있는데, 이는 인구가 20배 이상 많은 중국 다음으로 세계 2위에 이르는 규모이며, 미국, 인도, 러시아보다 많은 숫자이다. 20세 이상의 남성들이 의무적으로 2년 가까운 기간을 군에서 복무해야 하는데, 이 또한 엄청난 사회적 손실이 아닐 수 없다.

이 같은 손실을 학계에서는 '분단비용'이라고 표현하고 있는데, 연구자에 따라 다소 다르지만 과다한 국방비, 산업에서 미활용되는 군병력, 남북 자원 및 과학기술 보완성 미실현, 관광자원 활용 불가, 한반도 불안정성 등으로 인한 외국 투자유치시 불이익 등을 감안하면 대체로 연간 GNI의 4.5~7.7% 정도, 274억~469억 달러 정도로 추산(통일연구원 김영윤 선임연구위원, 08.09.24)된다. 분단비용만 다른 곳으로 돌려도 복지와 경제에 큰 숨통이 트이리라는 것은 당연한 일이다.

이렇게 과도한 국방비 책정, 과다한 병력 보유의 이유로 국방부는 '북한의 위협'을 들고 있으나, 실상은 '한미동맹에 기여하기 위한' 지출 성격이 크다.

이명박·박근혜 정부는 F-35 전투기 도입, 공중급유기, 미사일 방어망 구축 등에 수십조의 혈세를 쏟아 붓고 있다. 그러나 장거리 비행을 위한 공중급유기의 경우 비행 거리가 짧은 한반도에는 전혀 필요하지 않은 장비이다. 또한 미국 내에서조차 검증이 안 돼 논란이 일고 있는 F-35와 같은 최첨단 전투기가 필요한 상황도 결코 아니다.

미국은 한미동맹의 범위를 아시아 지역, 나아가 전 세계로 확장할 것을 요구해 왔고 한국 정부는 여기에 적극 호응해왔다. 작전 범위를 한반도가 아닌 전 세계로 확장하기 위해서 공중급유기 등의 장비가 필요한 것이다. 일본을 제외하고 주변국 어디에서도 도입하지 않는 F-35의 첨단 전투기능은 한반도에 전혀 필요 없다. 한반도 현실에 적합하지 않아 쓸모가 없는 미국산 무기를 국민 혈세로 사들이는 '국제적 호구' 역할을 자임하고 있는 것이다.

미사일 방어망, 2014년 미국이 한반도에 배치하려다 중지된 사드(THAAD: 고고도미사일요격시스템) 배치도 마찬가지이다. 남한의 경우 군사분계선에서 제주도까지 500km가 채 되지 않아 사거리 1000km 이상인 중·장거리 미사일의 요격 대상이 될 수 없다. 결국, 북한에서 일본이나 미 본토로 날아가는 미사일, 또는 중국에서 주한미군, 주일미군으로 날아오는 미사일을 감시, 요격하기 위한 용도라고 밖에 볼 수 없다.

국방부는 미사일 방어망, F-35 등 첨단 무기 구매를 위해 2019년까지 총 35조 원의 예산을 책정해 놓았다. 미국의 군사정책에 발맞추기 위한 혈세 퍼주기이다.

3) 민주주의 파괴

셋째, 분단체제는 민주주의를 파괴하였다. 대학생 A씨는 영국 케임브리지 대학의 강의록을 담은 E.H.카의 『역사란 무엇인가』, 박현채 선생의 『민족경제론』 등을 읽고 토론하는 독서토론 모임에 참여하였다가 영장도 없이 경찰에 체포되어 무려 63일간 불법으로 감금된 채 물고문, 구타, 통닭구이 등 고문을 당했고, '이적표현물 학습'과 '반국가단체 찬양 및 고무'라는 황당한 죄목으로 감옥에 갇혔다. 지난 2013년 천만관객의 흥행 돌풍을 일으킨 영화 〈변호인〉의 모티브가 된 1981년 부산에서 발생한 '부림사건' 얘기이다.

'부림사건'은 광주에서 수많은 시민들을 죽이고 정권을 잡은 전두환 군사 독재정권이 집권 초기에 저항세력을 일소하고자 민주화 세력을 탄압하던 과정에서 일어난 사건이다. 당시 독서토론 모임에 참여했던 22명에게 국가보안법 위반 혐의를 적용하여 1~6년의 징역형이 선고되었으나 이들 사건 관계자 전원은 33년만인 2013년 재심을 통해 모두 무죄 선고를 받았다. 부림사건은 국민의 지지를 받지 못하는 부도덕하고 부당한 정권이 국가보안법을 어떻게 악용하여 민주적 의사표현과 저항을 탄압했는지를 단적으로 보여준다.

그러나 부림사건뿐만이 아니다. 독립운동을 하다 해방 후 대한민국 제1대 농림부장관과 제2대 국회부의장을 역임하며 농민들을 위한 농지개혁을 성사시키는 데 중요한 역할을 했던 조봉암 선생. 1959년 진보당 당수로서 대통령선거에 출마해 높은 지지율로 파란을 일으켰지만, 진보당이 내세운 '평화통일' 정책이 '북한의 위장평화통일론과 같아 진보당 구성은 국가 변란을 목적으로 한 것'이었고, '북한의 금품을 받고 정보를 제공한 간첩죄'를 저질렀다는 혐의로 사형을 선고받았다. 전쟁이 아닌 '평화통일'을 주장했다는 이유로, 상당한 지지를 받았던 대통령 후보까지도 국가변란 혐의를 뒤집어 씌워 사형시킬 수 있는 법, 그것이 바로 국가보안법이다.

'막걸리 보안법', '고무줄 보안법' 등 악명을 떨치고 있는 국가보안법, 반공법 등은 모두 '북한을 이롭게 한다', '공산주의를 찬양한다'는 모호한 기준을 들어 표현의 자유, 사상의 자유, 집회 결사의 자유를 임의로 처벌할 수 있게 하고 있다. 분단 상황을 악용하여 특정 정책을 국가의 안보로 격상시켜서 이에 반대하는 세력은 '국가안보를 저해'하거나 '적'인 '북한'을 이롭게 한다는 이유를 들어 탄압할 수 있도록 한 것이다.

4) 극단적인 분단 공포증

넷째, 국가보안법을 앞세워 민주주의를 파괴한 결과 대부분의 한국인들은 '분단 트라우마'라는 극단적인 공포증에 시달리고 있

다는 사실이다. 분단 트라우마는 한반도의 분단과 불안정한 정전
상태로 인해 생겨난 집단적 정신병으로, 분단 트라우마에 의한 공
포는 사람이 느낄 수 있는 공포 중에서 가장 거대한 공포인 '죽음
에 대한 공포' 혹은 '사회적 생매장에 대한 공포'를 야기한다.

이와 같은 공포분위기는 한국전쟁 이전부터 형성되었다. 1950
년 4월 1일《조선일보》사설은 당시 분위기를 아래와 같이 서술한
바 있다.

> "빨갱이는 약국의 감초처럼 어데나 이용되지 않는 곳이 없다.
> 그야말로 언제 어떤 모략에 걸릴지 불안해서 아무리 양민이라도
> 안심하고 지내기 힘든 세상이다."

분단체제 아래에서 민주주의를 주장하고, 평화통일을 주장하는
것은 빨갱이, 친북이라는 오명을 뒤집어쓰고 처형되는 것을 의미
했다. 분단체제는 미군기지 주변 주민들의 고통마저도 감내하도
록 강요했고, 그 같은 고통을 해소하기 위한 자그마한 몸부림과
저항 역시 빨갱이, 친북으로 매도되었다. 고기잡이를 하다가 이상
조류를 만나 북으로 흘러들어간 수많은 선원들은 송환 이후 간첩
죄가 적용되어 일생을 고통 속에서 숨죽여 살아야 했다.

이와 같은 직간접적인 분단의 고통을 대부분의 한국인들은 경
험해야 했으며, 그 결과 통일에 대한 공포심으로, 정상적인 통일
열망을 표출하는 것 역시 꺼려하게 되었다.

6·15공동선언 이후 남북 간의 화해가 추진되면서 반공·반북의
식은 상대적으로 약화되었으나, 이명박, 박근혜 정부라는 보수수
구정권이 탄생하면서 분단 트라우마는 다시 우리를 지배하기 시
작했고, 어느 순간 정권에 비판적인 모든 인사들은 '종북'의 굴레
를 뒤집어써야 하는 처지가 되었다.

5) 친일파세력의 미청산

다섯째, 분단체제는 역사적 범죄자들을 한국사회의 기득권층으
로 만드는 데 일조하였다. 수많은 친일파들이 분단체제가 강화되
는 과정을 겪으면서 사회 요직을 차지했다. 특히 해방 직후 경찰
과 군의 요직은 대부분 친일행적이 뚜렷한 인물들로 채워졌다.

친일반민족행위 보고서에 실린 주요 인물

정치(귀족, 중추원)	박영효(중추원 부의장) 등 383명
통치기구(조선총독부 고위 관료, 판·검사, 경찰, 군인 등)	백선엽(예비역 육군대장) 등 272명
경제·사회(정치사회 단체, 경제, 교육, 언론, 종교 등)	김성수(보성전문학교 교장), 김활란(이화여대 초대 총장), 방응모(조광 편집인), 박석윤(매일신보 부사장) 등 187명
문화(문예, 학술 등)	김기창(화가), 서정주(시인), 최남선(시인), 이광수(소설가), 김동인(소설가), 모윤숙(시인), 유치진(극작가) 등 82명
해외(중국 지역 경찰, 만주국관리, 일본 친일단체 등)	임용길(일본 언론활동) 등 81명

대표적인 친일파들. 그러나 이들 중 단 한명도 친일행각에 대한 재판도, 처벌도 받지 않았다.

그러나 친일파의 요직 장악은 비단 해방 직후만의 문제도, 군부 독재 시절만의 문제도 아닌 여전히 현재 진행 중이라는 사실이다. 『친일인명사전』에 이름이 오른 친일파들의 후손들이 여전히 정·관계, 경제계, 학계에 다수 포진해 있기 때문이다.

역대 정권에서 장관을 지낸 고위 관료들, 대법원장 등 사법부의 고위 법관들 중에도 친일파의 후손들은 손으로 헤아리기 힘들 지경이다.

이명박 정부 때는 "친일행위자의 후손들이 반발해 국민적 갈등이 일어날 수 있다"며 친일반민족행위규명법 제정에 반대했던 김주현 당시 행정부 차관을 독립기념관 관장에 임명하기도 했다. 2009년 이상목 청와대 비서관은 독립기념관에서 "친일은 당시로서는 불가피한 부분도 있었다"는 친일 용허 발언을 하기도 했다. 분단체제는 우리나라를 '친일파 공화국'에서 벗어나지 못하게 하고 있는 것이다.

3. 6·15공동선언과 분단체제의 균열

1999년부터 북미 적대관계의 변화가 모색되었다. 빌 클린턴 당시 미 대통령이 임명한 월리엄 페리 국방장관은 북미관계 정상화를 권고하는 '페리보고서'를 제출했으며,* 북미 미사일 협상도 진전되었다. 2000년 남북정상회담과 6·15공동선언의 발표는 1999년부터 시작된 북미 해빙 무드와 밀접한 연관을 갖는다. 2000년 6월 남북정상회담과 2000년 10월 '북미공동코뮤니케'(공동선언)가 발표되면서 '북미관계의 변화 → 남북관계 변화 → 북미관계 변화 가속화'라는 선순환적 고리가 형성되기 시작했다.

6·15공동선언과 그 이후 남북관계의 발전은 전쟁과 분단 구조를 흔들기에 충분한 것이었다. 첫째, 남측 사회에서 북에 대한 인식이 변하였다. 2003년 통일연구원 조사에 의하면 1998년 조사에

---

* 월리엄 페리는 1994년 핵위기 당시 미 행정부의 국방부장관으로서 당시 핵위기를 주도했던 대북 강경파였다. 이같은 대북 강경파가 북미관계 정상화를 권고하는 정책보고서를 제출하게 된 배경에는 당시 김대중 정부의 역할이 컸다.

서 37.2%에 그쳤던 북측에 대한 '긍정적 인식'이 52.5%로 늘었다. 반면 '부정적 인식'은 54.4%에서 39.7%로 줄었다. 또한 98년 조사에선 북측을 협력대상으로 본다는 응답이 24.8%, 경계대상으로 봐야 한다는 답변이 40.6%였으나 2003년 조사에서는 협력대상이 36.9%, 경계대상이 27.2%로 나타났다.

대통령 직속 자문기관인 민주평화통일자문회의의 여론조사 결과 통일이 중요하다는 긍정적 응답은 2005년 56.2%→ 2006년 63.4%→ 2007년 80.7%→ 2008년 82.3%로 매년 꾸준히 증가했다.

둘째, 미국에 대한 인식의 변화를 가져왔다. 남북관계의 진전은 한반도에서 미국의 존재 이유에 대한 부정적 인식을 확산시켰다. 비근한 예로 남과 북은 철도와 도로 연결을 합의하고, 이 연결 작업을 위해 비무장지대 내 지뢰를 제거하기로 합의하였다. 그러나 남북관계의 급진전을 내켜하지 않았던 미국은 '유엔사'를 내세워 지뢰 제거작업에 제동을 걸었다. 정전협정 상 비무장지대는 유엔사의 관할이기 때문에 유엔사의 통과 승인을 받아야 한다는 논리를 내세워 남북 협력을 막으려 했던 것이다. 이 같은 사실이 밝혀지면서 한국사회에서 미국에 대한 비판 의식이 고조되었다.

다음 그림은 한미동맹에 관한 의식흐름의 변화를 보여준다. 대미의존도에서 탈피하는 방향으로 한미동맹을 재조정해야 한다는 의견이 2002년 28.4%에서 2004년 6월 72.1%로 급증하고 있음을 확인할 수 있다. 반면 한미동맹을 강화해야 한다는 의견은 50.5%에서 15.6%로 급격하게 줄어들었다.

2002~2006년까지의 한미동맹과 주한미군에 대한 여론조사

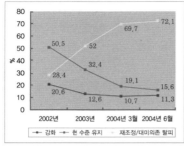 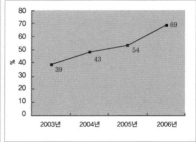

* 한미동맹을 재조정하여 대미의존에서 탈피해야 한다는 의견이 압도적이며(왼쪽),
주한미군 철수를 지지하는 여론이 급등하고 있다.(오른쪽)

주한미군 철수에 대한 여론 역시 큰 변화를 보였다. 2003년 39%였던 주한미군의 단계적 혹은 즉각 철수 여론은 2006년 69%로 2배 가까이 상승하였다. 김대중-노무현 정부 시기에 남북의 교류와 협력이 활발해지면서 그동안 금기시됐던 '주한미군의 존재'에 의문이 제기되기 시작한 것이다. 강고했던 분단구조가 6·15공동선언 이후 흔들리기 시작한 것이다.

이 같은 변화는 두 가지 점에서 중요한 의미를 갖는다. 첫째, 전쟁과 분단구조의 중심축이었던 북미 적대관계와 한미 동맹관계의 근본적 변화 양상이다. 이는 전쟁과 분단구조의 해체 가능성을 의미하는 것이었다.

둘째, 남북관계의 발전이 전쟁과 분단구조의 해체와 균열에서 중심적인 역할을 하고 있기 때문이다. 그동안 남북관계는 북미관계와 한미관계의 종속변수나 다름없었다. 그러나 6·15공동선언 이후 북미관계와 한미관계에 종속되어 있었던 남북관계가 독립성을 확보하기 시작했으며 나아가 북미관계와 한미관계를 변화시키는 하나의 요인으로 작용하게 되었다.

2001년 새롭게 등장한 미국의 부시 정부는 'ABC'(Anything But Clinton)라고 하여 클린턴 정부 때 추진했던 대북 포용정책을 전면 거부하고 새로운 적대정책을 추진했다. 그 결과 북미관계는 급속히 악화되었다. 과거의 남북관계였다면 이와 같은 북미관계의 악화 속에서 남북대화는 전면 중단되어야 했다. 그러나 그 상황에서도 남북 대화는 지속되었고, 남북 대화의 지속은 미국의 대북 적대정책 철회를 요구하는 여론을 강화시켰다.

이와 같은 상황 전개는 남북관계가 지속적으로 발전한다면 남북관계의 발전이 북미 적대적 냉전체제를 해소하고, 한미의 예속적 동맹체제를 흔드는 촉매제가 될 수 있음을 확인시켜 주는 것이었다. 6·15공동선언 이후 남북관계 발전이 한반도 전쟁과 분단체제를 흔드는 중심축으로 작동하기 시작한 것이다.

그러나 전쟁과 분단구조가 완전히 균열된 것은 아니었다. 첫째, 반공반북 냉전세력들의 완강하고 조직적인 저항이 있었다. 그들은 김대중, 노무현 두 정부의 대북정책을 '퍼주기'라며 사사건건 반대했고, 미국과 보조를 맞춰야 한다는 '속도조절론'을 내세워 남북관계 발전을 방해하였다.

둘째, 노무현 정부의 불철저한 인식으로 남북관계 발전에 속도를 내지 못했다. 집권 초기 실시한 '대북송금 특검'은 남북관계 발전에 결정적 장애를 초래하였다. 대북송금 의혹은 2002년 미의회 조사보고서가 최초로 제기했고 국내의 보수수구세력들이 이를 정치 쟁점화했다. 노무현 대통령은 당시 여당과 청와대 관료들의 반대에도 불구하고 대북송금 특검을 수용한다. 결과적으로 부시 행정부가 노무현 정부의 대북정책을 흔들기 위해 의도적으로 공개한 대북송금 문제를 노무현 대통령이 수용함으로써 미국의 남북대화 흔들기에 편승한 결과를 낳고 말았다. 게다가 노무현 정부 내의 친미파 관료들이 수구세력이 제기하는 '퍼주기론', '속도조절론'을 의식한 행위를 함으로써 적극적인 대북정책을 추진하는 데 장애요소로 작용하였다.

셋째, 한미동맹을 강화하는 시대역행적 정책이 추진되었다. 노무현 정부는 한미동맹 재조정이라는 미명 아래 추진했던 부시 정부의 새로운 한반도 군사정책에 동조함으로써 한미동맹을 강화하는 정책을 추진하였다. 북핵 문제의 평화적 해결에 도움이 된다는 명분으로 이라크 파병을 추진하기도 했다. 그러나 남북관계 발전에 긍정적으로 작용할 것이라는 기대에서 추진한 노무현 정부의 한미동맹 공조 정책은 정반대의 결과를 낳았다. 즉, 노무현 정부의 대북화해 및 대화추진 정책의 발목을 잡았을 뿐 아니라 한반도 전쟁위기를 심화시켜 6·15공동선언 이후 고조되었던 전쟁과 분단구조 해체 분위기에 찬물을 끼얹는 역할을 한 것이다.

4. 보수정권의 등장과 화해협력정책의 후퇴

이명박 정부 출범 이후 남북관계는 급격히 악화되었고, 6자회담과 북미대화 역시 정체되었다. 6·15공동선언 이후 흔들렸던 전쟁과 분단구조가 다시 고착되는 시대역행적 상황이 연출되었다.

이명박 정부가 추진했던 '비핵·개방·3000'은 북한의 강력한 반발을 가져왔고 남북관계를 파탄냈다. 남북대화의 단절과 남북관계의 악화는 전쟁위기를 불러오는 것이 한반도 분단체제의 특성이다. 2010년 연평도 포격사건이 대표적 사례이다. 연평도 포격사건은 한국전쟁 이후 남과 북이 상대의 영토에 포사격을 가한 최초의 사건이었다. 이명박 정부는 물론이고 미국과 중국 또한 충격을 받았다. 이 사건을 계기로 브레이크도 없이 마주보고 달리는 남과 북이라는 두 기관차를 멈춰 세워야 한다는 국제사회의 암묵적 공감대가 형성되었다.

이후 6자회담을 재개하기 위한 다양한 프로세스가 모색되었으나 결국 실패하였다. 미국도, 이명박 정부도 전쟁과 분단구조를 깨겠다는 의지보다는 분단체제를 이용하여 정치적 이득을 획득하는 데 여념이 없었기 때문이다.

이명박 집권 이후 전쟁위기가 일상화되었다. 서해 북방한계선 (NLL)과 대북 삐라살포 행위는 남북 군사적 충돌의 진앙지가 되고 있다. 이러한 전쟁위기의 일상화는 미국의 대북정책과 밀접한 관계가 있다. 오바마 정부는 이른바 '전략적 인내' 정책이라는 새로운 대북정책을 추진하면서 북한과의 대화를 거부하고, 북한의 인공위성 발사에 제재를 가하는 등 부시 정부 못지 않는 적대정책을 추진하였다. 오바마의 대북 적대정책은 2기에 들어서도 변함없었다. 2013년 한미연합사를 방문한 오바마는 "우리는 다른 나라를 압박하기 위해 군사력을 사용하지 않지만 우리 우방국과 우리 삶의 방식을 방어하는 데는 군사력 사용을 망설이지 않을 것"임을 선포하였다. 이는 부시 대통령의 '악의 축' 발언 못지않은 노골적인 군사적 압박이었다.

특히 오바마 정부는 북핵 맞춤형 억제전략을 추진하여 핵선제 공격 의사를 표시함으로써 북미관계를 더욱 긴장시켰다. 북핵 맞춤형 억제전략은 2013년 한미 국방장관이 연례안보협의회(SCM)에서 합의한 것으로, 북한이 핵과 미사일을 사용할 '징후'가 조금이라도 보이면 한미 양국이 핵무기를 포함한 모든 군사적 수단들을 동원하여 선제타격하는 것을 내용으로 한다.

그러나 한미 양국의 이러한 대북 압박정책이 반드시 성공적인 것은 아니다. 시대의 변화와 함께 국민들의 의식 또한 변화하고 있어서 냉전회귀적 정책이 호응을 얻지 못한 것이다. 2013년 3월과 4월 한반도는 한미 양국의 전쟁연습과 이에 대한 북의 군사적 대응으로 심각한 전쟁위기 국면이 조성되었다.

당시 (주)사회동향연구소가 실시한 여론조사에 따르면, 우리 국민의 54.4%가 전면전 혹은 국지전이 벌어질 수 있다고 인식하고 있었다. 국민의 과반수 이상이 정세를 정확히 인식하고 있음을 보여 준다. 당시 진보세력이 주장한 "즉각적으로 긴장을 고조시키는 행동을 중단하고 평화협상을 개시해야 한다"는 주장에 공감한다는 답변이 60.1%나 되었다. 공감하지 않는다는 25.9%에 비해 2배 이상 높은 수치였다. 이 같은 인식에 따라 박근혜 정부가 대북특사를 파견해야 한다는 답변이 52.2%를 차지했다.

이와 같은 국민여론을 감안하여 미국은 북한을 자극하지 않기 위해 예정되어 있던 탄도미사일 발사 실험을 연기하고, 한미 외무장관 회담을 통해 대북 대화메시지를 보냈다.

물론 진보진영의 평화통일역량이나 한국민의 의식수준이 한미 양국의 정책을 전면적으로 전환시킬 만큼의 영향력을 갖고 있는 것은 아니다. 그러나 한미 양국의 대북 적대정책을 끊임없이 비판, 견제함으로써 한반도 긴장이 극도로 고조되는 상황에 일정한 영향을 미치고 있는 것은 분명하다. 6·15공동선언 이후 체제 전복적 통일에서 공존형 통일로의 인식 전환과 함께 한반도 문제의 평화적 해결 원칙이 한국사회에 일정하게 자리를 잡았기 때문에 한미 양국이 대북 적대정책을 추진하는 데도 한계가 있는 것이다.

그럼에도 미국의 대북 정대정책은 약화되지 않고 있다. 2015년 들어 오바마 정부는 보다 노골적인 북한 붕괴를 위한 저강도 정책 추진 의사를 밝혔다. 1월 22일 동영상 업로드 사이트《유튜브》(youtube) 운영자들과 인터뷰에서 오바마는 "시간이 지나면 북한 정권이 무너지는 것을 보게 될 것"이라고 발언했다. 그 수단은 인터넷을 비롯한 정보 침투이다. "인터넷이 그 나라에 침투할 것"이며 "이것(인터넷 등 정보 침투)이 우리가 찾아온 방법"이라고 했다. "이 수단을 가속화하겠다"는 의지를 분명히 하고 있다. 그렇다고 미국이 군사적 수단을 포기한 것은 아니다. 미국은 북한 붕괴를 위해 군사적 수단이라는 고강도 정책과 정보 침투라는 저강도 정책을 함께 구사하겠다는 입장인 것이다.

분단 70년을 맞는 2015년, 한반도에서는 냉전적 대결세력과 평화통일세력 간의 힘겨루기가 진행되고 있다. 이러한 힘겨루기는 2015년 이후에도 상당 기간 지속될 것이다. 이 같은 힘겨루기의 향방에 따라 분열과 대결의 시대가 지속될 것인지, 아니면 평화통일의 기회가 새롭게 열릴 것인지가 결정될 것이다.

제3장 국내외 정세 변화와 한반도 통일

"미국 주도의 패권정책이 약화되고 강대국간 이해관계가 상충되는 가운데, 적극적인 화해와 협력정책으로 동북아에서 발언권을 높이고 새로운 평화협력체계 건설의 핵심적 역할을 해야 한다. 최근 수년간 남북관계 악화에도 불구하고 남과 북이 통일을 해야 한다는 입장이 여전히 60%에 가까울 정도로 통일지향성이 높은 만큼, 평화와 협력을 향한 적극적인 노력을 기울여야 한다."

미국 중심의 일극 패권체제가 무너지고 있다. 한때 '미국의 푸들'이라고 불리던 영국을 비롯하여 유럽 국가들이 미국의 만류를 뿌리치고 중국 주도의 AIIB(아시아인프라투자은행)에 가입하였다. 2014년 시리아를 공격하기 위해 연합군을 편성하려던 미국의 계획이 영국, 프랑스 등 전통적인 동맹국의 거부로 결국 좌절된 것은 미국의 패권 추락이 정치, 경제, 군사 등 전방위적으로 진행되고 있음을 보여준 상징적인 사건이다.

이제 세계는 일극 패권시대를 마감하고 다극화로의 전환기에 들어서고 있다. 중국, 러시아, 인도의 부상과 유럽 국가들의 독자적인 움직임, 미국의 일방주의에 대한 남미 국가들의 공동 대응 등 새로운 다극화 시대가 열리고 있음을 예고하는 것들이다.

역사는 낡은 질서가 새로운 질서에 순순히 자리를 내준 적이 없다는 걸 잘 보여주고 있다. 오늘날 세계도 새로운 질서가 탄생하는 진통의 시간을 겪고 있다. 중동 전역의 전쟁이 확대되는 양상을 띠고, 우크라이나를 둘러싼 러시아와 NATO·미국의 대결이 고조되고 있다. 동북아에서는 북·미 간, 중·미 간 대결 양상이 일본의 군사대국화와 맞물리면서 더욱 심각한 위기 상황으로 나아가고 있다.

한반도 역시 새로운 전환기에 들어섰다. 한반도 분단에 가장 큰 이해관계를 가지는 미국의 힘이 약해지고, 남북 간 전쟁 위기를 막고 화해협력과 통일을 요구하는 목소리가 높아지고 있다. 시대착오적인 냉전 대결을 끝내고 화해와 협력, 통일의 시대를 열어갈 기회이다.

1. 국제정세의 변화와 통일

1) 내리막길에 들어선 미국 패권

한반도 분단을 실질적으로 주도했고, 한반도 분단으로 가장 크게 이득을 챙기고 있는 미국. 무너지지 않을 것 같던 거인 골리앗의 힘이 약화되고 있다.

중국 이 추진한 아시아인프라투자은행(AIIB)의 설립을 둘러싼 힘겨루기는 미국 패권의 약화, 변화된 미국의 위상을 극명하게 보여주고 있다. 2008년 서브프라임 모기지 사태와 미국 주도의 세계 금융체제의 위기 이후 주요20개국(G20) 정상들은 미국이 16.8%나 차지하고 있는 기존 국제통화기금(IMF)의 투표권을 축소시키고 중국을 비롯한 신흥시장국가의 지분과 투표권을 늘리는 개혁안에 합의했다. 하지만 미 의회의 승인 거부로 개혁안이 무산되자 중국은 미국이 주도하는 국제통화기금과는 별개로 중앙아시아 개발사업인 '일대일로(一帶一路)' 사업과 연계하여 아시아인프라투자은행(AIIB) 설립을 발기하였다.

2014년 10월 'AIIB 설립양해각서' 서명 당시에는 중국을 필두로 방글라데시, 브루나이, 캄보디아, 인도, 카자흐스탄, 말레이시아 등 아시아 및 주변국 21개국으로 출발하였으나 불과 반년도 채되지 않아 2015년 3월에는 미국의 강력한 반대에도 불구하고 영국, 프랑스, 독일, 이탈리아, 한국, 호주 등 미국의 주요 동맹국과 서방국가들이 대거 참여를 선언하였다. "국제금융체제의 거버넌스에 관해 영국이 중국 편을 든 것은 전례가 없는 일"(2015.3.13 미국《이코노미스트》)이자, '21세기 미중간 권력이동의 신호'(2015.3.17 영국《파이낸셜 타임스》)라고 할 만한 사건이 아닐 수 없다.

2차 세계대전의 전쟁특수를 누리며 막대한 경제력과 군사력을 거머쥔 미국은 경쟁국들이 전쟁의 후과로 허덕이던 틈을 타 세계 자본주의 국가들의 맹주로 단번에 도약하였다. 그리고 전후 수십년간 냉전 대결을 선도하며 세계 유일패권의 지위를 지켜왔지만, 바야흐로 이제 '장강의 뒷물이 앞물을 밀어내는' 시대를 맞이하고 있다.

동구 사회주의권 몰락 이후 군사력 증강과 공격적 대외정책으로 패권을 과시했던 미국은 그로 인한 부담을 떠안게 되었다. 9.11 참사 이후 미국이 '테러와의 전쟁'을 선언하며 단행했던 이라크, 아프가니스탄 침공과 함께 10년 가까이 진행된 전쟁은 미국의 늪이 되었다. 세계질서 변화의 중요한 계기가 된 중동에서 진행된 전쟁은 네 가지 단면을 보여주었다.

첫째, 1970년대 베트남에서 그러했듯이 2000년대 중동에서 역시 미국이 전면전의 방식으로 한 나라를 완전히 굴복시키기는 상당히 어렵다는 점이다. 둘째, 이라크 대량살상무기 보유 의혹을 CIA가 조작함에 따라 '군사행동의 정당성'이나 '패권에 대한 자발적 협력'은커녕 미국 정책에 대한 반감과 동맹국들의 원심력이 강화되었다. 셋째, 중동지역에서 반미감정이 강하게 확산됨에 따라 미국의 패권 유지를 위해서는 더 많은 비용과 더 많은 정치력, 더 많은 개입이 필요하게 되었다. 넷째, 최소 2조 달러, 최대 6조 달러에 달하는 막대한 전비로 인해 국가재정에 심각한 부담을 남겼다.

비슷한 시기에 밀어닥친 2008년 서브프라임 모기지 사태는 미국 패권의 또 한 축인 세계경제와 금융 지배력에 큰 타격을 안겨주었다. 미국이 추진했던 핵심 국제경제전략인 금융의 세계화 정책이 가져온 파국적 결과로 인하여, 미국 금융체제에 대한 국제적 신뢰 하락은 물론, 달러화의 위상 저하, 세계금융체제에 대한 미국의 지배력 약화가 연쇄적으로 이어졌다.

정치적 위상의 하락, 군사적 패권의 약화, 세계경제에 대한 미국의 지배력 약화. 그 결과는 미 패권정책의 수정으로 이어졌다. 미국은 2012년 국가안보전략을 통해 '두 개의 전쟁' 정책(전략적 요충지인 중동과 아시아 두 지역에서 동시에 전쟁이 일어날 경우 모두 승리로 이끌겠다는 군사정책)을 포기하고, 하나의 전쟁에 집중하여 승리하는 정책으로 수정하기에 이르렀다. 한편, 이라크, 아프가니스탄 전비 부담과 경제부양책으로 누적된 연방부채가 법정 상한선(16조 4천억 달러)을 초과하여 재정 지출이 중단될 '재정절벽' 위기를 맞은 미국은 2013년도 국방예산을 대폭 삭감하는 결정을 내려야 했다.

미국의 경제, 정치적 패권의 약화는 2015년 오바마 2기 행정부가 발표한 국가안보전략 보고서에서 보다 극명하게 드러나고 있다. 2015년 국가안보전략 보고서에서는 "미국은 국익을 보호하고 동맹과 우방에 대한 안보공약을 지켜야 하지만 어려운 결정을 내려야 할 때 과도한 개입을 하지 말아야 한다"면서 군사적 개입의 부담을 솔직히 시인하고 있다. 또 "지역 이슈는 물론 글로벌 도전과제에 대해서도 각국이 더 많은 책임을 져야"한다면서 미국만의 독자적인 행동이 사실상 어렵게 된 현실을 인정하고 있다. 이러한 힘의 약화를 만회하기 위하여 아시아에서는 일본의 재무장과 군사적 진출을 승인하면서 미일동맹을 강화하여 중국의 부상을 견제하는 '아시아 회귀전략'을 펴고 있다.

2) 세계의 다양한 도전과 진출

미국이 '두 개의 전쟁' 정책을 포기할 수밖에 없게는 새로운 가능성들이 나타났다. 미국의 강압적인 패권에 짓눌려 왔던 불만과 문제의식, 새로운 변화를 요구하는 움직임이 분출할 수 있게 된 것이다.

　중동에서는 2011년 '민주화의 봄'이 시작되었다. 미국을 등에 업고 국민들을 탄압하던 튀니지, 이집트 등지에서 친미 독재정부들이 속속 무너지고, 새로운 정치세력이 등장하기 시작하였고, 민중들의 시위가 들불처럼 번져나갔다. 이라크, 아프가니스탄에서도 미국과 결탁해 전쟁을 치렀던 과도정부에 대한 국내적 저항이 확산되고 종파간 갈등으로 격화되는 등 친미세력들을 앞세운 집권 안정화 계획이 수포로 돌아가고 있었다.

　십수 년 전부터 좌파정권을 연이어 집권시킨 남미지역에서는 미국의 일방적 이익을 위한 신자유주의 정책이 아닌 사회복지와 공공정책을 강조한 독자적인 경제정책과 정치운동을 추진하는 정치세력이 정국을 주도하고 있다. 베네수엘라 차베스의 '21세기사회주의혁명'의 불길이 남미 다른 지역으로 확산됨에 따라, 차베스의 3번째 연임이 성공한 것을 비롯하여 2010년 브라질, 2011년 아르헨티나와 페루, 2012년 베네수엘라, 2013년 에콰도르와 칠레에서 미국 주도하의 신자유주의 정책에 반대하는 집권세력이 재임에 성공하였다. 이들 국가는 '아메리카를 위한 볼리바르 동맹(ALBA)'을 구성하여 미국의 정치·경제·군사적 압력에 저항해 왔고, 베네수엘라가 석유를, 쿠바는 의료시스템을 회원국들에게 제공하면서 미국의 경제제재 등에 맞서고 있다.

　남미의 움직임은 미 패권에 대한 저항이 강력한 사회운동으로, 집권으로 이어져 국가 차원에서 미국의 패권으로부터 벗어나는 추세를 매우 성공적으로 보여주고 있다.

최근 그리스에서 좌파연합 '시리자' 세력이 집권에 성공하여 강대국 중심의 EU 경제정책에 반기를 든 것 또한 비슷한 맥락이다. 시리자는 2004년 선거연합을 시작으로 정치권에 등장한 신진 세력으로, 첫 번째 도전한 2004년 총선에서 불과 3.3%의 득표율을 얻은 데 불과했지만, 10년 만에 집권에 성공하였다. 미국과 강대국 중심의 경제정책으로 초토화된 그리스 경제현실 속에서 서민복지, 공공성 강화 정책을 전면에 내세워 집권에 성공하였는데, 미국과 강대국들의 개입이 약화된 틈바구니를 뚫고 서민, 민중들의 진출과 집권이 가속화된 세계사적 추세와 일맥상통하는 결과라 하겠다.

미국의 압박정책에 맞서 꾸준히 자국의 정책을 유지하고 있는 북한의 움직임도 그렇다. 북한은 미국의 강도 높은 제재, 정권 붕괴정책의 표적이 되어 왔던 나라로, 2001년 부시 행정부 취임 첫 해 '악의 축'으로 지목되면서 관계개선을 약속한 기존 북미합의들이 모두 파기되었다. 이런 미국의 독자적 제재뿐 아니라 유엔안보리에서 채택된 대북 제재 결의안이 다섯 개에 이를 정도로 강한 압박을 받아왔다.

그러나 북한은 '수년 내 붕괴할 것'이라는 미국의 전망을 뒤로 한 채 2012년 위성발사와 2013년 핵실험을 연이어 단행하고 경제건설과 핵무력 건설을 동시에 추진한다는 '병진노선'을 공식화하였다. 보수적으로 평가하는 한국은행조차 최근 3년간 연속 플러스

(+) 경제성장률을 인정할 정도로 경제발전에도 일정한 성과를 거두고 있는 것으로 알려지고 있다. 1990년대 중후반 '고난의 행군'기 동안 북한을 고통스럽게 만들었던 식량문제도 거의 해결하고 있다고 평가되고 있다.

2013년 한반도에서 북한과 무력시위 경쟁을 벌였던 미국은 '플레이북'이라 이름 붙인 한반도 무력시위 계획을 스스로 철회하였다. 전략핵폭격기, 스텔스 전투기까지 동원한 대규모 무력시위를 벌였지만, 성과를 얻지 못하자 자신의 무력시위 정책을 스스로 철회한 것이다. 북한의 핵개발에 대한 세계와 주변국들의 평가는 매우 부정적이다. 하지만 북한의 핵개발로 이른바 '반미국가'들을 차례로 굴복시켜오던 미국의 대외 패권정책이 더 이상 통용되지 않고 있으며, 한반도 정전체제를 평화체제로 전환시켜야 한다는 근본문제가 부각된 것은 분명하다.

앞에서 언급한 나라들의 공통점은 모두 미국의 패권에 순응하지 않고 적극적인 행동을 취하고 있다는 것이다. 남미와 그리스의 경우 정권교체에 성공하여 강대국들의 요구를 수용하기보다 자국 민중들의 생존문제를 보다 중시하는 정책을 펼치고 있다. 중동지역의 경우에도 새로운 정치질서를 창출하려는 움직임이 매우 격렬하게 진행되고 있지만, 실질적인 변화를 가져오지는 못하고 있다. 미 패권의 약화는 강력한 통제의 힘이 다소 약화되는 것일 뿐, 결국 관건은 자기이익을 실현하고자 하는 해당 국가와 민중들의 강력한 사회적 의지와 실천력에 달려있다는 것을 확인할 수 있다.

3) 세계의 열점 아시아 태평양

전 세계적으로 변화의 바람이 몰아치는 가운데, 아시아 태평양 지역은 가장 뜨거운 곳이 되고 있다. 아시아 태평양 지역은 미국, 일본, 중국, 러시아 등 세계 강대국들이 모두 밀집되어 있는 지역으로 경제규모도, 군사비 지출도 세계 최고 수위를 달리고 있는 핵심 요충지이다.

미국은 패권 위기 속에서 힘을 아시아로 집중하고 있다. 2020년까지 미 해군력의 60%를 아시아로 돌리고 동맹국과의 관계 강화를 통해 중국에 대한 군사적 압박을 강화하려 하고 있으며, 일본, 한국을 잇는 기본 동맹관계를 강화하는 한편, 호주, 필리핀, 베트남, 인도를 잇는 제2의 대중국 포위망을 구축하려 한다. 국방예산의 삭감으로 인해 군사력 증강에 수반되는 군비충당이 어려워지자 한국과 일본에 동맹의 '역할 강화'라는 명분을 앞세워 비용을 떠넘기면서도, 동맹국들이 사들인 미국산 무기체계들을 '상호운용성' 강화라는 명목으로 미국 군사력과 함께 동원함으로써 미 패권정책을 뒷받침하는 데 이용하려 하고 있다.

동북아시아의 지역 강국인 일본은 미국의 아시아 군사력 증강, 동맹의 역할강화론을 활용하여 군국주의 재무장에 박차를 가하고 있다. 일본 아베 정부는 센가쿠 열도(중국명 댜오위다오), 독도 등 '영토 주권'을 내세워 군사력을 대대적으로 증강하는 한편, '자위대의 해외활동', 즉 정식 군대화를 실현하는 데 총력을 기울여 왔다. 그동안 미국의 협조 아래 자위대의 해외 활동을 지속적으로 확대해 온 일본 정부는 그동안 금기시해온 '군대' 보유 및 전쟁 동참을 위해 헌법 개정에 나섰다. 급기야 2014년 7월 1일, 헌법 9조(평화헌법) 제정 67년, 자위대 창설 60년 만에 아베 정부는 집단적 자위권(일본이 공격받지 않아도 동맹국 등이 공격받았다는 이유로 타국에 반격할 수 있는 권리) 행사 방향으로 헌법 해석을 변경하고, 평화헌법의 기본 정신을 무력화시켰다.

미일 양국은 2015년 자위대의 해외 파견범위 제한을 없애 한반도를 비롯한 세계 각지에 파견할 수 있도록 미일 방위협력지침을 개정하였고, 중국을 노골적으로 겨냥한 동맹강화 정책을 안팎에 천명하였다. 아베 총리는 미국의 전폭적인 지지 아래 과거사에 대한 반성도 없이 상하원 연설을 보장받았고, 패전 70년 만에 자위대의 족쇄를 완전히 풀어버렸다.

미국의 아태 정책을 중심으로 진행되는 이 같은 미일, 한미일 동맹 강화 움직임은 첫째, 일본의 군국주의 우경화를 강하게 지원하고 있고, 둘째, 동북아 역내 군사적 갈등을 격화시키는 역할을 하고 있다. 이 두 가지 모두 한반도 평화와 미래에 심각한 문제가 되고 있다.

미일의 이 같은 군사력 증강, 공격적 대외정책에 대해 주변국들은 강력히 반발하고 있다. 미국의 최대 채권국이자 세계의 공장, 최근에는 세계의 소비시장으로 도약한 중국은 과거 냉전시대 '도광양회'(빛을 감추고 어둠속에서 힘을 기른다)를 표방하며 몸을 낮추고 힘을 키워왔으나, 2000년대를 맞아 '화평굴기'(평화롭게 우뚝 선다)를 내세우며 주변국으로의 영향력 확대를 꾀해 왔다. 2012년 이래 미국의 아시아 재균형 정책, 아시아 회귀전략이 본격화되고 아시아로의 군사력 집중, 한미일 군사동맹 강화, 환태평양경제동반자협정(TPP) 추진 등 대중국압박이 계속되자 중국은 미국에 '미·중 양 대국이 상호 신뢰를 바탕으로 서로의 전략적 핵심이익을 존중'하는 '신형대국관계'를 제기하면서 반격에 나섰다.

중국은 미국 주도의 대중 봉쇄망에 맞서 기존에 중앙아시아 16개국과 함께 구성한 상하이협력기구를 강화하는 한편, 2014년 24개 국가가 참여하는 협의기구인 '아시아 교류 및 신뢰구축 회의(CICA)'를 안보협력기구로 격상시킬 구상을 밝히면서 "안보를 비롯한 아시아의 문제는 아시아인들이 직접 처리해야 한다"며 미국의 개입을 견제하고 있다. 강력한 경제력을 바탕으로 미국의 TPP에 대응하는 아태자유무역지대(FTAAP)를 추진하는 한편, 아시아인프라투자은행(AIIB) 설립에 영국, 프랑스, 한국 등 전통적인 미국의 동맹국가들을 연이어 가입시키는 데 성공하였다.

한 때 미국과 세계 패권을 양분했으나 사회주의 붕괴 이후 국가파산상태까지 치달으며 몰락했던 러시아 역시 2000년대 들어 푸틴 대통령의 주도아래 재기에 성공, '강한 러시아'를 표방하면서 유럽과 동아시아 역내에서 미국과 갈등하고 있다. 미국이 2000년대 중반부터 체코, 폴란드 등을 나토로 편입시키고 미사일 방어망을 위한 레이더 기지 설치 등을 추진하면서 동진정책을 펼치자 러시아는 이에 강하게 반발하였고, 미러 간 정치, 군사적 갈등은 우크라이나 주도권을 둘러싸고 군사적으로 폭발하였다.

크림 자치공화국을 러시아로 합병시키는 주민투표 결정 직후 미 하원 외교위원회 에드 로이스 위원장은 '유럽이 러시아의 에너지 공급에 의존하는 현실만큼이나 미국의 우크라이나 정책이 무력화되고, 미국의 영향력과 미국 대통령의 권위도 전 지구적으로 약화되고 있다'면서 궁색한 처지를 사실상 시인하였다. 그런데도 미국은 여전한 경제력으로 전 세계적인 유가 하락 정책을 주도, 러시아에 대한 강한 경제적 압박을 단행하고 있다.

러시아는 아시아에서 군사훈련과 MD(미사일방어체계) 배치 등을 통해 군사적으로 진출하고 있는 미국의 움직임에 대한 경계심을 숨기지 않고 있으며, 중국, 북한 등과 군사·경제·정치적 협력을 강화함으로써 미국에 대항하려 하고 있다.

4) 각축장이 된 한반도의 운명

아시아 일대에서 강대국들의 입장이 충돌하는 가운데 한반도는 첨예한 각축장이 되고 있다. 그 속에서 지리적, 경제적으로는 중국, 러시아와 정치 군사적으로는 미국, 일본과 밀접한 관계를 맺고 있는 한국으로서는 주권과 생존권이 침해되지 않도록 지혜롭게 정책을 펼치면서도 한반도의 평화와 통일이라는 중차대한 과제를 실현해야 하는 상황이다.

이명박·박근혜 정권은 미국 주도의 편가르기에서 벗어나 자체의 이해관계에 따라 관계개선을 시도할 수 있음에도 불구하고 미국 패권정책에 일방적으로 협조함으로써 남북갈등을 격화시킨 것은 물론, 대중관계에서도 큰 위기에 봉착하고 있다. 이명박·박근혜 정부는 미국의 아태 패권정책을 일방적으로 추종하여 대중 봉쇄망의 하나인 아시아 미사일 방어망(MD) 구축에 적극 협력하고 일본 재무장을 사실상 뒷받침해왔으며, 대화협력정책 보다는 '북한 정권 붕괴' 입장에 기초한 강경 대북정책을 고집하였다.

중국은 시진핑 주석, 국방장관 등 주요 관계자 모두가 한국과의 회담에서 미국과의 MD 협력, 특히 중국의 안마당까지 깊숙이 들여다 볼 수 있는 사드(THAAD) 포대 및 X-band 레이더(X밴드 주파수를 사용한 레이더) 설치에 강력히 반대하고 있으며, 한미일 MD 구축에 대한 반발 수위를 점차로 높여가고 있다. 2015년 3월 16일 방한한 류젠차오 외교부 부장조리(차관보)는 이례적으로 '사드 배치론자'인 나경원 국회 외교통일위원장을 찾아가 중국이 한국의 최대 교역국임을 강조하면서 사드 도입시 경제보복이 뒤따를 것임을 우회적으로 경고한 것으로 알려졌다.

미국의 아시아 회귀 정책에 일방적으로 협력함으로써 한국은 거대 고래들 사이에 낀 새우의 처지를 자초한 셈이다.

북한은 강대국이 격돌하는 틈바구니 속에서 관계정상화를 향한 집요한 노력을 기울이고 있다. 미국과 일본, 한국 정부는 북한 핵

문제가 주된 군사적 위협이라면서 군사력 증강을 합리화시키려 하고 있다. 하지만 1994년 제네바합의, 2000년 조미공동코뮤니케와 이후 6자회담의 합의 과정에서 알 수 있듯이 한반도 핵문제는 관계정상화와 평화체제 구축 등 근본적인 갈등구조의 해체를 통해서만 해결될 수 있다.

지난 역사는 대화가 진행되던 기간 동안에는 핵무기 개발이 중단된 반면, 대북 압박과 봉쇄가 강화되는 동안은 핵무기 개발 모두 미사일 개발도 늘어났다는 것을 분명히 보여주고 있다. 2008년 이후 6자회담이 중단되고 미국 정부가 '전략적 인내'라는 이름으로 협상은 회피한 채 군사적 압박에만 몰두하자 북한은 체제 포기가 아닌 군사력 강화를 선택하였고, 동북아 각국들과 관계개선을 통해 미국의 대북 경제제재를 돌파하고 있다.

2011~13년 단둥, 신의주, 황금평, 나진선봉지구를 중심으로 중국과 경제협력사업에 합의한 북한은, 2014년 두만강 인접 도시인 북한의 나진-러시아 하산을 중심으로 하는 경제협력 프로젝트를 본궤도에 올리며 러시아와도 경제협력에 박차를 가하고 있다. 러시아와 북한의 밀착은 다소 지체되고 있는 북중 간 경제협력사업 이행을 재촉하는 역할도 하고 있다.

한편 북한과 일본은 한국, 미국의 반발에도 불구하고 납치문제 해결을 매개로 관계정상화 국장급회담을 지속해 오고 있는데, 북한은 한미일 삼각 동맹을 뒤흔들고 북일관계 정상화에 따른 대규모 경제협력자금 확보를, 일본은 국내 정치의 위기를 납치문제 해결이라는 성과로 돌파하고자 하는 의도로 미국과 한국의 반발에도 불구하고 협상을 꾸준히 진행해 왔다. 최근 미일 관계가 급격히 가까워지면서 북일관계 진전에 제동이 걸리고 있는 모습이지만, 북한이나 일본이나 기본적으로 자국의 이해와 이익을 중심으로 국제관계를 풀어가는 실리주의적 외교전략을 펴고 있다.

북한이 미국과 담판을 통해 북미관계 정상화, 평화협정 체결 등을 협상 의제로 논의하게 된다면 동북아 군사적 갈등의 핵심 요인이 제거될 뿐 아니라 미국이 그동안 고집해 왔던 약소국에 대한 개입, 붕괴정책은 결정적으로 퇴조하게 될 것이다.

동북아 일대에서 각국의 이해관계가 충돌하면서 미국의 이익을 중심으로 하는 기존의 수직적 동맹체계는 그 위력과 의미를 점차 잃어 가고 있다. 미국이 미일동맹체제를 강화하고 있는 것도 역설적으로 이같은 흐름을 반영한다고 볼 수 있다.

한국에게 중국은 경제적인 측면에서 전략적 중요성이 날로 증대되고 있는 한편, 중국을 봉쇄하려는 미국의 일방주의적 군사정책에 따른 부담 역시 격화되고 있다. 한반도 통일의 한 당사자인 북한과 관계를 개선하고 평화와 통일의 구조를 만들어 가는 것은 사활적인 문제이다. 더 이상 미국의 이익만을 위한 편향적인 정책으로는 국민의 생존권과 평화권을 온전히 지켜낼 수 없다.

미국과 일본이 아태 지역의 군사적 개입정책을 합리화하는 주요 명분으로 '북한 위협'을 내세우고 있는 만큼 거꾸로 남북관계를 개선하고 평화의 기운을 높일 수 있다면 한반도 당사자로서 기존의 냉전적 갈등구조가 아닌 새로운 평화협력 체계를 만들 최적의 기회를 잡을 수 있을 것이다. 2000년 6·15남북공동선언과 10·4선언이 유엔총회에서 만장일치의 지지를 이끌어내고, 국민 80%의 지지 속에서 외부에서 가해지는 압박을 물리칠 수 있었던 것은 남북협력이 발휘하는 강력한 힘을 보여주는 한 사례이다.

미국 주도의 패권정책이 약화되고 강대국간 이해관계가 상충되는 가운데 이 격돌을 새로운 기회로 창출해 내야 한다. 적극적으로 화해와 협력정책으로 동북아에서 발언권을 높이고 새로운 평화협력체계 건설의 핵심적 역할을 해야 한다.

최근 수년간 남북관계 악화에도 불구하고 남과 북이 통일을 해야 한다는 입장이 여전히 60%에 가까울 정도(《동아일보》, 2015.4.2.)로 통일지향성이 높은 만큼 이에 착목하여 평화와 협력을 향한 적극적인 노력을 기울여야 한다.

2. 한국의 위기와 통일

1) 한국경제의 출구 : 남북경제협력

한국사회의 성장동력이 고갈되고 심각한 경제위기에 빠져 있다는 것은 주지의 사실이다. 한국 경제위기의 원인과 해법에 대해서는 다양한 견해가 있지만, 입장의 차이를 떠나 공통적으로 지적하고 있는 것은 세계경제의 핵으로 부상하는 아태 지역으로 경제정책의 초점을 맞추어 관련 국가들과의 경제협력을 강화해야 한다는 것이다.

이러한 기조에 따라 이명박 대통령은 러시아와 가스관 연결사업 등을 추진하면서 에너지 협력을 크게 확대하였고, 박근혜 대통령은 세계 최대 단일 대륙이자 거대 시장인 유라시아 역내 국가 간 경제협력을 강화하자는 '유라시아 이니셔티브'를 핵심 정책으로 밝히고 있다.

복합물류 네트워크, 전력·가스·송유관 등 에너지 네트워크를 강화하여 유라시아 내 국가 간 상호 발전을 도모하는 동시에, 역외 연계 및 협력도 강화하자는 것이 유라시아 이니셔티브의 골자이다. 그런데 이 계획이 성공하려면 필수적인 것이 바로 남북간 경제협력이다. 북을 경유하지 않고는 물류도, 에너지도 연결할 수 없는 '섬'과 같은 존재가 바로 한국이기 때문이다.

2014년 1월, 세계적 투자사인 로저스 홀딩스의 짐 로저스 회장은 《조선일보》와 인터뷰에서 '남북 통합이 시작되면 전 재산을 북한에 투자하겠다'고 밝힌 바 있다. 그는 같은 해 8월 북한을 방문하고 돌아와서는 "할 수만 있다면 북한에 전 재산을 투자하고 싶다. 미국인이라 투자가 불법이라 아쉽다"고 재차 강조하였다.

〈표 7〉 주요광물에 대한 한국의 내수규모와 북한의 보유규모

구분	한국 보유규모 및 자급률			북한 보유규모	내수의 25%북측 조달시 가용연한
	보유규모	내수규모	자급율		
철광석	5천억원	2조3천억원	0.4%	73조8천억원	128년
아연	3천억원	1조4천억원	0%	9조원	26년
마그네사이트	-	5백억원	0%	126조원	10,080년
금	5천억원	8천억원	3.8%	23조4천억원	117년
기타	93.7조원	7조원	16.2%	2,055조3천억원	1,174년
계	95조원	11조5천억원	10.1%	2,287조5천억원	796년

* 자료 : 한국광업진흥공사, 한국지질자원연구원
* 가용연한=북한 잠재 보유규모÷(남측 내수규모×북한의 분담비율)

짐 로저스 회장이 꼽은 구체적인 투자 이유는 첫째, 북한에는 엄청난 천연자원이 매장되어 있으며 둘째, 잘 숙련된, 더욱이 상대적으로 저임금의 노동력이 많기 때문이며, 셋째는 중·러시아와 잇닿은 물류 거점으로서의 가치 때문이라고 한다.

2007년 노무현 대통령과 김정일 국방위원장의 정상회담에서 남과 북이 합의한 내용 또한 남북 간 지하자원-경공업 협력, 철도 및 도로 연결을 통해 중·러와 잇닿은 물류 거점의 완성, 개성공단 및 금강산 관광 확대, 서해평화협력지대 설치 등 육·해상 경계선 일대의 평화적, 생산적 관리를 핵심으로 하고 있다.

2014년 초 보수언론사인 《조선일보》는 '통일은 미래다'라는 기획 연재기사를 내보내면서 역시 천연자원 매장, 노동력, 물류 거점으로서 가치 등을 거론하며 남북경제협력의 필요성을 제기하였다. 2007년 남북정상의 10·4선언 합의 당시 《조선일보》는 경제협력 합의들에 대해 '퍼주기'로 매도했지만, 역설적으로 불과 6년만에 사업의 정당성을 인정한 것이다. 정치적 입장의 차이를 뒤로 하고 모두의 평가가 동일한 지점이 바로 남북 경제협력사업이다.

남북경제협력은 남북 상호간 부족한 점을 보완하는 '유무상통', 함께 이익이 되는 '상생공영'의 기본 원리로 추진되는 것이지만, 남북간 기업이나 경제규모로 한정된 것이 아니라 기본적으로 대륙, 즉 중국, 러시아와 경제협력을 통한 시너지 효과를 염두에 둔 구상이다. 중국, 러시아 등과 잇닿아 있고 태평양 연안에 위치한 지정학적 위치를 십분 살려 세계 최대 인구가 밀집한 동북아 지역의 물류 거점으로 발돋움 하려는 구상인 것이다.

특히 중국이 동북3성 등 인접지역 경제투자에 집중하고 있고, 러시아 또한 극동지역 경제개발에 박차를 가하는 등 한반도 인접지역으로 집중하고 있는 상황에서, 철도 및 도로 연결사업을 통해 물류 거점을 이동시키고 가스관 연결 등의 에너지 협력과도 연결하는 이중, 삼중의 발전구상이다.

중국의 경우 육상과 해상의 신(新) 실크로드를 뜻하는 '일대일로(一帶一路)' 계획을 내놓고 아시아인들의 연계와 교류를 본격 추진하겠다는 뜻을 밝혔다. 여기서 '일대(一帶)'란 중국과 중앙아시아, 유럽을 연결하는 '실크로드 경제벨트'를 말하고, '일

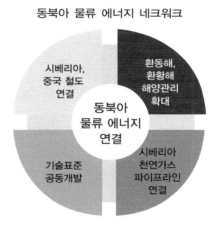

동북아 물류 에너지 네크워크

시베리아, 중국 철도 연결

환동해, 환황해 해양관리 확대

동북아 물류 에너지 연결

기술표준 공동개발

시베리아 천연가스 파이프라인 연결

로(一路)'는 '하나의 길'을 의미하는 것으로 아세안(ASEAN) 국가들과의 해상 협력을 기초로 동남아시아에서 출발하여 서남아시아를 거쳐 유럽과 아프리카까지 이어지는 '21세기판 해양 신 실크로드'를 말한다. 이 일대일로 사업의 마지막 물류 거점이 바로 북한의 나선항으로, 중국은 나선항 일대의 도로 건설 등을 고리로 항구의 일부를 50년 동안 임대하는 계약을 이미 맺었다.

중국 주도의 아시아인프라투자은행은 이 '일대일로' 사업과 밀

접히 연관되어 있다. 한국정부가 2015년 3월 미국의 반대에도 불구하고 아시아인프라투자은행에 가입한 것은 대륙으로 진출하지 않으면 안 되는 경제적 절박함 때문이기도 하다.

러시아 또한 남북한을 겨냥하고, 일본을 염두에 둔 경제협력사업을 적극 펼치고 있다. 러시아는 두만강을 사이에 두고 마주보고 있는 나진과 하산 두 도시를 잇는 특구 개발을 시작으로 북한과 경제협력사업을 본격화하고 있다. 나진-하산 프로젝트가 본궤도에 오른 것을 출발점으로 총 3,500km 길이의 철도를 현대화하는 '포베다(승리)' 프로젝트에 협의하면서 본격적으로 물류 거점 확보에 매진하고 있으며, 한국과는 가스관 연결 사업을 수차례 합의하고 추진 시점을 타진하고 있다. 러시아의 풍부한 천연가스는 현재 화물선으로 운송되고 있는데, 가스관이 연결될 경우 비용이 40% 이상 저렴해지기 때문에 수출입량 모두 급증할 것은 불을 보듯 뻔하다.

이처럼 중국, 러시아, 북한, 남한이 물류와 에너지로 밀접히 연계되고 경제적 시너지를 창출할 수 있게 된다면 경제적 출로를 확보하는 것은 그리 어려운 일이 아니다.

세계적 투자회사인 골드만삭스의 연구 보고서에 따르면 2050년이 되면 한국은 1인당 국민소득이 9만 달러를 넘어서 일본뿐 아니라 유럽 모든 나라를 제치고 세계 2위에 달할 것이라고 전망한 바 있다.

보고서가 전제하는 것은 남북의 양 체제를 유지하면서 점진적인 통일을 하는 방식이다. 어느 한쪽이 다른 한쪽을 굴복시키는

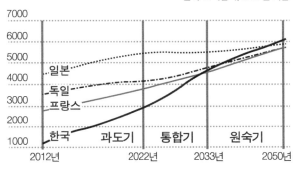

30~40년 후 한국 GDP 전망

단위:10억달러, 2007년 기준

일본
독일
프랑스
한국 　과도기 　통합기 　원숙기

2012년 　2022년 　2033년 　2050년

자료:GS Global ECS Recearch

방식의 '흡수'는 진정한 경제협력이 아닐뿐더러 경제문제 해결의 해법이 될 수 없다는 독일 통일과정의 교훈을 거론하고 있다. 실제로 독일 통일과정에서 서독이 동독 경제를 그대로 흡수하면서 동독은 경제적으로 사실상 붕괴하였고, 서독 정부는 동독 경제를 서독식으로 통합하기 위해 막대한 자금을 쏟아 부어야 했다.

한국은행 또한 2009년 3월 독일식 방법보다 중국, 홍콩처럼 1국 2체제의 점진적 통합이 남북통일에 있어 더 '적절한 모델'이라고 밝힌 바 있다.

2) 기형적 한국사회의 출구, 통일

한국사회의 고질적인 병폐로 항상 거론되는 패거리 정치, 냉전 대결 이데올로기를 동원한 민주 파괴 정책 등은 한반도의 분단체제를 거치면서 발생하고 더욱 강화되어 왔다.

일제로부터 해방된 이후 과거 식민지 통치 시절에 일제에 부역했던 친일 민족반역자들을 청산하고 역사정의를 바로 세우는 것은 온 겨레의 숙원이었다. 그러나 분단정권 수립을 원했던 미국이 친일파 청산을 가로막고 이들에게 권력을 안겨줌에 따라 친일 민족반역자들은 다시 정권을 장악하였다. 그 결과 자신의 개인적 기득권을 위해 민족 전체의 생존권을 파괴했던 친일파를 청산하는 것이 수포로 돌아간 것은 물론이고, 과거 역사의 범죄자들이 다시 강력한 국가권력을 손에 쥐게 됨에 따라 '악행은 벌을 받는다'는 공동체의 가장 기본적인 사회규범이 무너지게 되었다. 사회적 양심, '공공선'이 붕괴하는 과정에서 나라의 자주권과 국민의 생존권 보다 개인과 패거리의 정치적 이해관계가 모든 가치 판단의 기준이 되는 '패거리 정치'가 만연하게 된 것은 어찌 보면 당연한 귀결일 것이다.

한국 전쟁은 폭력적이고 비민주적인 정치의식과 행태들이 사회를 장악하는 또 하나의 계기가 되었다. 일제의 폭압적 지배 전통, 사회적 청산 대상으로 지목된 친일세력의 위기의식이 전쟁이라는 공간 속에서 폭력적으로 증폭되어 광범위한 양민학살이 자행된 것이다. 공권력에 의해 공공연하게 자행된 양민학살은 '빨갱이는 죽여도 좋다'는 강압적, 폭력적 정치행태를 낳았고, 이는 군사독재정권의 폭압적 인권유린을 정당화하는 것으로 이어졌으며, 민주화 이후 보수정권의 등장과 함께 또 다시 민주주의의 퇴행을 낳는 근원이 되고 있다.

반공법, 국가보안법은 특정 집단의 정치적 이해관계를 '국익'으로 승격시켜 반대세력을 '빨갱이', '체제전복세력'으로 낙인찍고 탄압하는 제도적 수단이었고, 사상과 양심의 자유를 보장한 헌법정신까지도 초월한 악법의 존재는 한국사회의 비정상성을 그대로 보여주고 있다.

최근에는 정부와 정치권뿐만 아니라 법적 중립성을 지켜야 할 사법기관, 진실 추구를 최대 목표로 삼아야 할 언론까지도 자신의 기득권을 지키기 위해 개혁과 민주적 요구를 거부하는 데 한통속이 되고 있다. 보수언론은 개인의 사상을 심사하고 사회로부터 '추방'시키자고 선동하고 있다. 국민의 안보를 지켜야 할 정보기관인 국정원이 국민으로부터 어떠한 감시와 통제도 받지 않은 상태로 정권의 하수인이 되어 과거 중앙정보부·안기부 시절의 악행을 되풀함은 물론, 은밀하고 조직적으로 대통령 선거에 개입하는 불법행위를 저질렀다. 심지어 사법기관까지도 법을 초월하여 사실상의 '선동 재판', '이념 재판'에 가세하여 정당까지 해산하는 지경에 이르렀다.

분단이 지속되면 될수록 사회적 문제 해결의 목소리를 '종북',

'빨갱이', '없애야 할 세력'으로 몰아붙이는 한국사회의 기형성은 더욱 심각해질 것이며, 민주주의와 인권 파괴는 더 가속화될 수밖에 없다. 한국사회의 정상화를 위해서라도 더 이상 분단 문제 해결을 미룰 수 없다.

제4장 '통일대박론'의 배경과 실체

"결론은 분명하다. 북한체제의 불안정성, 북한 붕괴 가능성을 전제로 하여 대북정책을 추진하는 것은 현실적으로 타당하지 않다. 비록 한·미 양국이 저강도·고강도 병행전략을 구사하고 있지만, 그것은 성공하기 힘들다. 하루라도 빨리 북한 체제의 지속성에 근거한 대북정책을 수립해야 한다."

우리 민족은 다시금 민족사적 대격변기를 맞이하고 있다. 민족의 힘을 하나로 모아 통일의 흐름을 만들어내지 않으면 과거 실패의 역사가 되풀이 될 수 있다는 위기의식이 팽배할 수밖에 없는 상황이다. 더불어 동북아시아 질서, 특히 한반도 분단구조를 좌지우지했던 미국 패권이 약화되면서 우리의 통일에 결정적인 기회가 제공되고 있는 것도 분명하다.

박근혜 정부 들어 본격화된 이른바 '통일대박론' 역시 이 같은 통일의 필요성에서 나왔으며, 많은 관심을 받아온 것이 사실이다. 그러나 통일대박론은 마냥 환영할만한 것은 아니다. 자칫 통일대박이 아니라 '전쟁쪽박'을 찰지도 모를 일이기 때문이다. 통일대박론의 제기 배경과 구성요소, 그리고 그것이 갖는 문제점을 민족적 관점에서 제대로 파헤치는 것은 우리의 통일론 정립 작업에서 반드시 필요한 공정이다.

1. '통일대박론'의 등장 배경

1) 미국의 고강도·저강도 병행전략

냉전이 붕괴된 뒤 걸프 전쟁에서 승리한 미국은 1991년 북한 붕괴에 대한 노골적인 목표를 드러내기 시작했다. 당시 미국의 합참의장이었던 콜린 파월이 "(후세인 이후)때려잡아야 할 악마가 이제 몇 남지 않았다. 다음은 카스트로하고 김일성의 차례다"라고 했던 것은 미국의 본심을 적나라하게 드러내는 것이었다.

1993년부터 본격화된 1차 '북핵 위기'는 그 연장선에 놓여 있었다. 미국은 북한의 핵시설을 핵무기 개발프로그램이라고 주장하였고, 북한이 신고한 플루토늄 양도 거짓말이라며 북한이 플루토늄의 양을 숨기고 있다며 북에 압박을 가했다. 그 결과 1993년과 1994년 한반도는 전쟁위기에 휩싸이게 되었다. 그러나 1994년 여름 지미 카터 전 미 대통령과 김일성 주석이 극적으로 핵문제에

〈사진 5〉 2000년 10월 북한의 김정일 국방위원장의 특사 자격으로 조명록 차수가
워싱턴을 방문하여 클린턴 대통령을 만나고 북미 관계정상화를 내용으로 하는
공동코뮤니케를 발표했다.

대해 합의를 봄으로써 전쟁 위기는 종식되었고, 대화를 통한 핵협
상이 시작되었다. 탈냉전기 북한 붕괴 정책의 첫 번째 실패였다.
그러자 미국은 군사력을 동원한 붕괴 전략에서 심리전과 국제적
고립을 통한 붕괴 전략으로 선회하였다. 군사력을 동원한 전략을
고강도 전략이라고 한다면, 심리전과 국제적 고립을 통한 전략을
저강도 전략이라고 할 수 있다. 김일성 주석 서거 이후 미국은 이
른바 '3-3-3 붕괴설'을 퍼뜨리면서 저강도 전략을 본격화했다.
'3-3-3 붕괴설'은 "북한은 3일 혹은 3개월 적어도 3년 이내엔 붕괴
한다"는 것이었다. 그리고 제네바 합의서 이행에 소극적으로 임했
다. 한국과 중국을 끌어들이는 대북 포위 압박 전술의 일환으로 4

자회담을 추진하기도 했다.

그러나 이 같은 저강도 전략 역시 1998년 북한의 체제가 공고해지면서부터 폐기되기에 이르렀고, 김대중 정부의 적극적인 화해협력 정책과 연동하여 미국 역시 대북 대화정책으로 선회하였다. 그 결과 1999년 북미 미사일 회담에서 일정한 합의를 이루어낼 수 있었으며, 그 연장선에서 2000년 10월에는 김정일 국방위원장의 특사 자격으로 조명록 조선인민군 총정치국장이 워싱턴을 방문하여 북미 관계정상화를 약속하는 '북미 공동코뮤니케'를 내놓았다. 뒤이어 클린턴 대통령의 특사 자격으로 매들린 올브라이트 국무장관이 평양을 방문하여 북미 정상회담의 성사를 눈앞에 두는 상황으로까지 진척되었다.

그러나 2000년 미 대선에서 공화당의 부시 후보가 대통령에 당선되면서 대북 대화정책은 중단되고 대결정책이 본격화되었다. 부시 행정부 들어 미국은 저강도 전략을 다시 추진하였다. 제네바 기본합의서 채택 이후 클린턴 정부의 저강도 전략을 '소극적'이라고 한다면, 부시 정부의 저강도 전략은 '적극적'이라고 할 만큼 본격적으로 추진되었다.

당시 추진되었던 대표적인 저강도 정책은 작전계획5030이었다. 작계5030은 2003년에 수립되었다. 이는 애초 CIA가 김정일 위원장 체제를 내부로부터 붕괴시키기 위한 교란작전용으로 만들었는데, 미 국방정보국(DIA)이 여기에다 군사작전까지 포함한 개념으로 수정, 발전시킨 것이다.

이 계획에는 한미군사훈련을 지속적으로 실시하여 북한군의 식량 등 전시 대비 비축물을 고갈시키고, 북한 항공기의 잦은 긴급 발진을 유도하여 항공연료를 소진시키는 계획, 삐라살포 등으로 내부 혼란을 조장하는 계획, 정권 핵심인사와 그 자녀들의 망명을 지원하는 계획 등이 포함되어 있다. 2005년 9·19 공동선언 발표 이후 미국이 방코델타아시아(BDA)은행의 북한 계좌를 폐쇄시킨 것도 이 작전계획의 일환이었다.

북한 급변사태에 대한 각종 대비계획

작전계획 5026	유사시 북한 주요 군사시설 공중 정밀 타격 계획
작전계획 5027	북한 남침에 대비해 통일까지 가정한 5단계 전쟁대비 종합계획
개념계획 5029	북한 대량살상무기 유출 가정한 한·미 양국의 합동대응 계획
충무 3300계획	유사시 북한 난민 수용계획
충무 9000계획	북한 정권 붕괴할 때 임시 행정기구를 설치하는 내용의 북한 비상통치계획

2006년 북한이 핵실험을 실시하여 핵무기를 공식화한 이후 미국의 대응은 더욱 복잡해지고 첨예해졌다. 고강도 전략과 저강도 전략을 병행 추진한 것이다. 우선 미국은 고강도 전략의 수위를 높였다. 고강도 전략의 가장 전통적인 형태는 한미연합군사연습과 작전계획5027이라는 것은 주지의 사실이다. 당시 미국은 여기에 작전계획5029를 추가하였다. 작계5029는 김대중 정부 시절부

터 이른바 '북한의 급변사태'에 대비한 군사계획의 일환으로 개념계획 차원에서 마련해오던 것이었다. 부시 정부는 개념계획5029를 작전계획화하려는 노골적인 의도를 숨기지 않았으며, 이를 위해 한국 정부에 강력한 압박을 실시하였다. 하지만 노무현 정부의 강한 반대로 부시 정부는 5029를 작전계획화하는 데 실패했고, 이명박 정부에 가서야 작전계획화된다.

작계5029가 미국의 고강도 전략에서 중요한 의미를 갖는 것은 작계5029를 마련함으로써 다양한 수위의 고강도 전략을 구사할 수 있게 되었다는 점이다. 전면전의 상황에서는 작계5027을, 북한 급변사태 상황이나 국지전 상황에서는 작계5029를 구사할 수 있게 된 것이다.

부시 정부는 고강도 전략과 저강도 전략을 가장 강력하고도 전방위적으로 추진했고, 따라서 그만큼 북미 대결이 격화되었다. 부시의 이 같은 고강도 전략과 저강도 전략의 병행 추진은 이명박 정부의 대북 정책에도 영향을 미쳤다. 이명박 정부 시절 대북 삐라살포가 남북관계에서 주요한 현안으로 부상하게 되었으며, 박근혜 정부 들어 와서는 대북 삐라살포가 남북관계 파탄과 한반도 전쟁위기의 당면한 주범이 되고 있는 실정이다.

오바마 대통령 역시 국제사회의 기대와는 다르게 부시 정부의 대북정책을 그대로 계승했으며, 더욱 발전시켰다. 고강도 전략 차원에서 보자면 오바마 정부 시절 한미 양국은 대북 맞춤형 억지 전략을 채택하고, 북에 대한 핵선제공격까지 공식화하였으며, 이를 숙달하기 위한 한미연합군사연습을 해마다 실시하고 있다.

오바마 대통령이 추진하는 대표적인 저강도 전략으로는 북한 급변사태에 대한 논의가 있다. 다음 장에서 자세하게 서술하겠지만 오바마 정부는 2010년부터 북한 급변사태에 대한 논의를 한중일 등 동북아시아 국가들과 진행해왔다. 부시 행정부 때 추진되었던 작계5029가 북한에 대한 군사적 심리전이었다면, 오바마 정부가 추진하는 북한 급변사태에 대한 논의는 주변국들을 포섭하는 등 외교적 목적이 가미되었다는 점과 한국 정부와 보다 긴밀한 논의 속에서 정치적 목적까지 가미되었다는 점에서 차이를 갖는다.

2015년 들어 오바마 정부의 저강도 전략은 더욱 노골화되고 있다. 오바마 대통령은 세계 최대 동영상 공유 사이트인《유튜브》와 인터뷰에서 "인터넷을 통해 정보가 흘러 들어간다면, 북한처럼 잔혹한 독재정권을 유지하는 것은 매우 힘들다"며 "북한의 붕괴는 인터넷을 통해 시간이 지남에 따라 이뤄질 것"이라고 발언했다.

국정 최고 책임자인 대통령이 직접 나서 북한을 상대로 한 정보침투의 가능성과 효과를 과시한 것이다. 오바마의 발언은 일반적으로 김정은 제1위원장의 암살을 소재로 한 영화〈더 인터뷰〉해킹 사건에 북한이 연루되어 있다는 데 대한 감정적 분노가 섞인 발언으로 해석되고 있다. 하지만,〈더 인터뷰〉해킹에 북한이 연루되어 있다는 명확한 근거가 없다는 점에서 부시 행정부 때부터 본격화된 저강도 전략의 수위를 한층 더 높이겠다는 미국 정부의 의지로 해석하는 것이 더욱 타당하다. 오바마 정부는〈더 인터뷰〉

해킹 사건을 명분으로 하여 저강도 전략을 더욱 본격적으로 추진하고 있는 것이다.

2015년 들어 고강도 전략 역시 수위를 한층 높이고 있다. 2015년 2월 한미 양국은 강화도 해안에서 한미연합 해상침투훈련을 실시했다. 한미 해병대가 북한과 인접한 강화도에서 해상침투훈련을 실시한 것은 이번이 처음이다.

3월부터 4월까지 진행되는 한미연합 독수리연습의 일환으로 포항에서 쌍룡훈련이 실시되었다. 이 훈련 역시 대북 상륙작전훈련으로 미국측 병력 1,000명이 참여했다. 또한 올해 독수리연습에서는 미국 연안전투함인 포트워스호가 처음으로 참가했다. 포트워스호는 얕은 해저 지형에 맞게 제작되어 있으며, 헬리콥터와 수직이착륙 무인정찰기, 지대지 미사일, 헬파이어 미사일 등을 탑재하고 있다. 독수리연습에 포트워스가 참여하고, 대규모의 쌍룡훈련이 실시된다는 것은 대북 상륙 및 침투 능력을 보다 강화하겠다는 미국의 정책적 의지를 반영한 것이다.

또 하나 지적해야 할 것은, 미국의 대북 붕괴정책은 북미관계 외에 남북관계에도 치명적인 악영향을 미치고 있다는 점이다. 대북 삐라를 살포하는 이른바 '탈북자단체'들은 대부분 미국이 지원하는 돈으로 대북 삐라를 살포하고 있다.

2009년 1월 30일 미국 디펜스 포럼의 수전 숄티 대표는 《자유아시아》 방송에서 "미 국무부가 오바마 행정부 출범 이후 한국의 자유북한방송, 탈북인권여성연대, '성공적인 통일을 만들어 가는 사람들' 등 탈북자단체와 다른 인권단체에 총 300만 달러를 지원했다"고 밝힌 바 있다. 그는 또한 미 국무부가 북한민주화네트워크도 곧 자금을 지원할 것이라고 덧붙였다.

미국무부의 재정적 지원을 받고 있는 미국의 비영리단체 '국립민주주의기금(NED: National Endowment for Democracy)' 역시 'Daily NK', '북한인권시민연합' 등에 총 45만 달러의 재정적 지원을 하기도 했다.

탈북자단체들이 중심이 된 대북지원 단체들의 대북 삐라살포가 본격화되었던 시기와 오바마 행정부의 저강도 전략이 본격적으로 추진되었던 시기가 상당한 일치성을 갖고 있다는 점에서 대북 삐라살포는 미국의 저강도 전략의 일환으로 추진되고 있다고 보아도 무방할 것이다. 그리고 여기에 이명박 정부와 박근혜 정부 역시 정치적, 재정적 지원을 함으로써 미국의 저강도 전략에 합류하고 있는 것이다.

2) '통일대박론'의 제기 배경

통일대박론은 대단히 위험한 발상이다. '대박'은 횡재를 내포하고 있다. 부단한 노력의 결과로서 통일이 아닌 예상이나 기대와 다르게 주어지는 결과물을 의미한다. 이 같은 발상은 이명박 정부 시절로 거슬러 올라간다. 이명박 전 대통령은 2010년 8·15 경축사에서 "통일은 반드시 온다. 그날을 대비해 이제 통일세 등 현실적인 방안도 준비할 때가 됐다"고 발언한 바 있고, 2011년 6월에는 "통일은 도둑같이 온다"고까지 하였다.

물론 이 같은 발언의 배경에는 북한의 급변사태에 대한 '기대감'이 어려 있었다. 당시 김정일 국방위원장의 건강이 악화되었다는 사실이 국제사회에 널리 알려지게 되었다. 1994년 김일성 주석 서거 때 북한붕괴론이 국제사회를 지배했던 것처럼 김정일 위원장의 급작스러운 서거로 북한에서 쿠데타, 대규모 탈북 행렬과 같은 급변사태가 발생할 수 있다는 '전망'이 '통일은 도둑같이 온다'는 발언을 나오게 했던 것이다.

이명박 정부의 이 같은 시각은 미국에서 급변사태 논의가 본격화된 것과 관련이 있다. 2009년 오바마 정부가 출범한 이후 'Preparing for Sudden Change in North Korea'라는 제목의 보고서가 나왔다. 미국의 대외정책 수립에 막강한 영향력을 발휘하는 외교위원회(CFR)에서 발간한 것이고, 저자 또한 조엘 위트(Joel S. Wit)라는, 한국에도 많이 알려진 북한 전문가였기 때문에 한국에서도 많은 관심을 받았던 보고서이다. 50쪽에 달하는 이 보고서는 북한 급변사태 시나리오, 급변사태 관련 주요 이슈와 대응상의 문제점, 미국의 대외정책에 대한 조언으로 구성되어 있다.

미국의 북한 급변사태 논의와 한국 보수정권의 정체성에 기초한 국내 정치적 요구가 맞물려 이명박 정부 시절 국정원은 김정일 위원장의 건강이상설을 대대적으로 유포하기 시작했으며, 이명박 정부의 통일 환상은 더욱 커져갔다. '통일은 도둑같이 온다'는 위의 발언이나 통일세 등에 대한 논의가 본격화되었던 것이 그 즈음의 일이다.

통일대박론 역시 그 연장선상에 있다. 특히 2013년 국정원 간부 송년회에서 "2015년에 자유민주체제로 통일을 달성하기 위해 우리 모두 죽자"라는 남재준 당시 원장의 결기어린 발언은 북한 급변사태에 대한 확신까지 엿보인다. 그도 그럴 것이 장성택 처형 이후 북한 급변사태론은 더욱 확산되었다. 김정일 국방위원장 서거 이후 김정은 체제의 가장 든든한 버팀목으로 평가받아 왔던 장성택이었기에 그의 처형은 곧 북한 권력의 붕괴라는 등식으로 이어졌던 것이다.

박근혜 대통령 역시 2014년 1월 6일 신년 내외신 기자회견에서 "장성택 처형을 보면 우리 국민뿐만 아니라 세계인이 북한의 실상에 대해 다시 한 번 느낄 수 있었을 것"이라며 "앞으로 북한이 어떻게 될 것이고 어떤 행동으로 나올 것인지 세계 어느 누구도 확실히 말할 수 있는 사람은 없다"고 하여 장성택 이후 북한 체제의 급변사태 가능성을 언급하기도 했다. 통일대박 발언이 이 자리에서 나왔음은 주지의 사실이다.

이렇듯 통일대박론은 북한의 정치상황이 굉장히 불안정하기 때문에 언제 급변사태가 발생할지 모르며, 또한 북한은 국제사회에서 철저히 고립되어 있어 그와 같은 상황이 발생할 경우 북한 자체의 힘으로 해결할 수 없다는 이른바 '냉전적 사고'에 기초한 대북관의 표현이다.

이러한 사고에 기초하고 있다 보니 통일대박론은 '핵문제'와 통일문제를 연계시키는 방법론으로 귀결된다. 박근혜 대통령은 통일대박론을 설파하면서 "가장 먼저 북한이 핵을 포기하도록 다양한 방법을 강구하겠다"고 선포했다. 그러나 박근혜 정권의 핵포기 정책은 다양한 것이 아니라 하나로 고정되어 있다. "북한의 핵 위협이 있는 한 남북경협을 포함한 교류가 제대로 이뤄질 수 없을 뿐 아니라 공동 발전도 있을 수 없"다며 '선핵포기론'을 주장하고 있는 것이다.

북한의 핵포기를 운운하면서 통일대박론을 펼치는 것은 사실 한반도 비핵화에 목적이 있는 것이 아니라 북한 흡수통일 정책 추진의 명분에 불과하다. 드레스덴 선언에서 박근혜 정권은 통일대박론이 가지는 이 같은 흡수통일 지향성을 노골적으로 드러냈다. "그토록 높아 보였던 베를린 장벽도 동서독 국민들의 자유와 평화에 대한 열정을 막지 못했습니다", "지금 이 시각에도 자유와 행복을 위해 목숨을 걸고 국경을 넘는 탈북자들이 있습니다"라는 대목은 흡수통일 지향성을 너무나 분명하게 보여주고 있다.

따라서 통일대박론의 제기 배경은 다음과 같이 정리해 볼 수 있다.

첫째, 보수수구세력의 자기만족적 예언의 측면이 있다. 보수수구세력은 북한의 붕괴를 바란다. 여기에 불을 지핀 것이 김정일 국방위원장의 급서, 그리고 장성택의 처형이었다. 보수수구세력들로

하여금 북한 정권의 불안정성이 심화될 것이라는 '낙관론'을 심어주었다.

둘째, 미국의 북한 급변사태론은 보수수구세력의 통일대박론에 불을 지피고 확신을 갖게 하는 또 하나의 결정적 요인이 되었다. 앞서 언급했듯이 2009년부터 미국에서 '북한 급변사태론'이 부상하였다. 그리고 미국은 '북한 급변사태에 대비한다'는 명목으로 한국, 중국, 일본 등 주변국과 함께 외교적 논의를 추진해왔다. 미국의 국무장관은 장성택 사건 직후 각 방송 인터뷰에서 북한의 잔인성과 불안정성을 역설해 왔다. 그와 같은 흐름은 2014년에도 이어져 미 외교협회(CFR)는 '2014 방지 우선순위 조사(Preventive Priorities Survey 2014)' 보고서를 발표해 미국에 대한 1등급 위협 요인으로 북한의 불안정성을 들고 있다.

셋째, 대북 침략정책의 정당화 차원에서 제기되었다. 통일대박론의 핵심은 '북한 체제의 불안정성'이다. 그런데 북한 정권은 내부의 정치적 불안정성을 외적인 군사 도발로 해결하려한다는 것이 보수수구세력의 인식이다. 그리고 불안정성이 심화될수록 북한은 '모험주의적 군사도발'에 나서게 될 것이며, 이를 사전에 예방하고, 격퇴하기 위한 침략적 대북 군사정책이 필요하다는 주장으로 이어진다. 따라서 통일대박론은 북한 붕괴를 위한 적극적인 군사 정책에 정당성을 부여하게 된다. 바로 여기서 저강도 전략과 고강도 전략이 만나게 된다.

넷째, 자본주의 경제통합전략의 차원에서 제기되었다. 2014년

《조선일보》는 '통일은 미래다'라는 기획 연재기사를 통해 자본주의 시장경제체제로의 남북 경제통합이 가져다 줄 장밋빛 청사진을 보여준 바 있다.

이와 같이 통일대박론은 통일을 신성장담론으로 설정해 한국자본주의의 위기를 극복하겠다는 발상이다. "통일은 국내의 다른 어떤 산업보다 건설산업에 큰 도움이 될 것이다. 2008년 글로벌 금융위기 이후 부동산 침체와 공공부문의 건설수요 위축으로 어려움을 겪는 건설산업에 통일은 르네상스를 알리는 신호탄이다"라는 국토해양부 장관 출신인 권도엽 건설산업비전포럼 공동대표의 발언은 통일대박론이 가지는 이 같은 의도를 단적으로 표현하고 있다. 한국의 통치자와 자본가들은 현지 정부까지 마음대로 움직여 한국 자본을 위한 특권적 환경을 조성할 수 있는 신자유주의형 신식민지가 필요했고, 계속해서 북한에 대한 '식민화 망상'에 매달렸으며, '통일대박론'의 진정한 의미가 여기에 있다는 지적도 있다.(박노자, 〈통일대박론의 진정한 의미〉, 《한겨레》, 2014.2.18)

2. '통일대박론'의 실체

1) '통일대박론'의 전제조건과 목표

통일대박론은 구체적으로 어떤 내용을 담고 있는가? 통일대박론의 전제조건은 무엇이고 목표는 무엇인가?

통일대박론은 두 가지를 전제조건으로 한다. 첫째, 북한의 선핵포기이다. 드레스덴 선언은 이것을 명확하게 보여주고 있다.

> "북한이 핵을 버리는 결단을 한다면, 이에 상응하여 북한에게 필요한 국제금융기구 가입 및 국제투자 유치를 우리가 나서서 적극 지원하겠습니다."

드레스덴 선언의 한 문장이다. 통일대박론은 북한의 핵포기를 전제로 한 것이다. 이명박 정부의 '비핵개방3000'이 떠오른다. 결국 드레스덴 선언은 경제지원을 미끼로 북한핵을 폐기시키겠다는, 비핵개방3000의 복사판인 셈이다. 그런데 통일대박론이 비핵개방3000과 다른 점은 두 번째 전제조건. 즉 북한 붕괴, 흡수통일 의도를 보다 노골적으로 표현하고 있다는 것이다. 그런 차원에서 주목해야 할 것이 2014년 1월 한미 외교장관 회담이다.

당시 회담에서 한미 양국은 '북한 변화 유도' 전략을 공식화했다. "이번에 합의된 '북한정세분석회의'는 불안한 북한 정세 관측 → 북한 변화 유도 → 급변사태 대비 등의 단계를 통해 북한 체제를 사실상 정리하는 수순을 염두에 둔 것으로 보인다"는 《동아일보》 보도(2014.1.9)는 북한 붕괴전략이 한미 양국 사이에 적극적으로 추진되고 있음을 보여준다.

이 회담 이후 한미 양국은 더욱 노골적인 '붕괴전략'을 추진하고 있다. 특히 군사적 측면에서 한미 양국은 북한 내 저항세력 지원과 구축 작전을 포함한 다양한 특수전 합동훈련을 강화하고 있다. 2014년 2월 5일 《미국의 소리》(VOA) 방송에 따르면 미 육군 산하 존 F. 케네디 특수전 학교는 1분기 보고서에서 "미군과 한국군의 특수전 훈련이 강화되고 있다"고 지적하며 2013년 3월 실시된 독수리연습 때 "비정규전에 대비한 전방위적인 훈련이 실시됐다"고 보고하기도 했다.

따라서 통일대박론은 다음과 같은 3가지의 단계적 목표를 설정하고 있다고 봐야한다. '북핵 폐기 → 북한 붕괴 추진 → 흡수 통일'이 그것이다. 통일대박론의 궁극적인 목표는 흡수통일이다. 그것을 실현하기 위한 전제조건이자 단계적 목표가 북핵 폐기와 북한 붕괴이다.

통일대박론은 북한 흡수통일이라는 냉전적 목표를 21세기적 상황에 맞게 재구성한 것이다. 또 '대박'이라는 선정적인 유행어 표현을 활용함으로써 구시대적 이미지를 탈각시켰다. '이미지 기획'의 성공이라고 할 수 있다.

2) '통일대박론'의 모순점과 비현실성

따라서 통일대박론은 그 자체로 모순점과 비현실성을 갖는다. 박근혜 정부와 미국이 추진하는 대북정책은 '통일대박'이 아니라 '전쟁쪽박'으로 귀결된다. 통일대박이 실현되지 못하는 정도에 그치는 것이 아니라 전쟁이라는 가장 비극적인 결과로 귀결될 가능성이 농후한 것이다.

드레스덴 선언은 선핵 포기 외에 흡수통일 기도를 노골적으로 드러내고 있다.

> "저는 라인강의 기적이 한강의 기적으로 이어졌듯이, 독일 통일도 한반도의 통일로 이어질 것이라는 믿음을 갖고 있습니다.
> 그토록 높아 보였던 베를린 장벽도 동서독 국민들의 자유와 평화에 대한 열정을 막지 못했습니다.
> 지금 이 시각에도 자유와 행복을 위해 목숨을 걸고 국경을 넘는 탈북자들이 있습니다.

독일 국민이 베를린 장벽을 무너뜨리고 자유와 번영, 평화를 이루어냈듯이, 이제 한반도에서도 새로운 미래를 열어가기 위해 장벽을 무너뜨려야 합니다."

드레스덴 선언은 이와 같이 흡수통일 의도를 노골적으로 피력하면서 분단의 장벽을 허물 것을 제안했다. '군사적 대결의 장벽, 사회문화적 장벽, 단절과 고립의 장벽'이 그것이다. 그러나 대북 공격의 성격을 갖는 한미군사연습을 강화하면서 군사적 대결의 장벽을 허물자는 것, 대북 삐라살포를 방치하면서 사회문화적 장벽을 허물자는 것, 5·24조치를 해제하지 않으면서 단절과 고립의 장벽을 허물자는 것은 앞뒤가 맞지 않는 말이다.

통일준비위원회의 경우 통일대박론의 모순점과 비현실성을 더욱 극명하게 드러낸다. 통일준비위원회의 정종욱 부위원장은 한 강연회에서 통일준비위원회가 흡수통일에 대한 준비 활동을 하고 있음을 공개적으로 밝혔다. 이 발언이 파문을 일으키자 통일준비위와 정부는 해명하기에 급급했지만 통일대박론과 통일준비위원회가 무엇을 목표로 하고 있는가 하는 점을 분명하게 드러낸 사건이었다. 게다가 정종욱 부위원장은 통일준비위원회뿐 아니라 정부 내 다른 조직에서도 흡수통일에 대한 연구를 하고 있다고 밝힘으로써 범정부적 차원에서 흡수통일에 대한 준비를 하고 있음을 확인시켜 주기도 했다.

통일준비위원회는 통일준비위원 명단이 발표된 2014년 7월 15

일부터 그 실체에 대한 의구심이 제기되었다. 우선 인적 구성부터 살펴보자. 정부는 민관 공동기구라고 하면서 관쪽 부위원장으로 류길재 통일부장관을, 민쪽 부위원장으로 정종욱을 임명했다. 그러나 정종욱은 민간 진영을 대표할 수 없는 인물이다. 정 부위원장은 김영삼 정부 때 외교안보수석과 주중대사를 지낸 인물이다. 현재 공직을 맡고 있지 않을 뿐 민간위원으로 분류될 수 없는 인물이다.

30명에 달하는 민간위원 역시 보수인사 일변도였다. 문정인 연세대 교수, 라종일 한양대 교수 등 김대중 정부, 노무현 정부 때 참여했던 몇몇 인사의 이름이 보이지만 극히 소수이다. 민간 진영에서의 통일 전문가가 단 한 명도 포함되지 않았으며, 경제분야에서도 대북 경제협력 사업에 종사했던 인물은 배제되었다. 민간 배제, 정부 독점 구조를 만들려는 박근혜 정부의 의도가 개입되었다고 볼 수밖에 없다.

통일준비위원회의 구성에서 또 하나 눈여겨봐야 할 것은 통일교육자문단이다. 통일교육자문단은 대학 총장과 고등학교 교장으로 구성되어 있다. 통일교육자문단을 대학 총장과 고등학교 교장으로 구성한 의도는 분명하다. 고등학생과 대학생을 대상으로 하여 북한 붕괴 정책에 부합하는 '통일교육'을 실시하겠다는 것이다. 통일대박론이라는 명분 아래 대북 적대정책을 뒷받침하는 국내적 이데올로기 확산 공작의 일환으로 통일준비위원회가 구성되어 있는 것이다.

이렇듯 통일대박론은, 드레스덴 선언과 통일준비위원회 구성에서 확인할 수 있듯이 반통일적 내용을 담고 있을 뿐만 아니라 비현실적이다. 북한 붕괴정책은 타당하지도 않을뿐더러 실현가능성도 없다. 오히려 통일대박론은 한반도를 전쟁의 나락으로 떨어뜨리고, 미국과 일본 등 외세의 개입 근거를 확보할 수 있는 위험성이 도사리고 있다.

3) '통일대박론'의 위험성

흡수통일 지향성이 강한 통일대박론은 '일반적인' 혹은 '상식적인' 대북정책으로는 성공하기 힘들다는 데 그 위험성이 있다. 통일대박론이 성공하기 위해서는 정상적이지 않은 방법, 예를 들어 남재준 전 국정원장이 시사했듯이 '무력공격' 혹은 '붕괴 유도 정책'이 필요하기 때문이다. 통일대박론 발언이 나오고 나서 '통일쪽박론'이라는 비판이 제기된 이유가 여기에 있다. 박근혜식 통일은 결국 전쟁이라는 수단을 동원할 수밖에 없고 그 결과는 대박이 아니라 쪽박이 될 것이라는 비아냥이었던 것이다.

또 하나의 위험성은 통일대박론이 미국의 고강도, 저강도 병행전략에 편입될 가능성이다. 이미 여러 차례 언급했듯이 한미 양국은 북한 급변사태에 대해 긴밀히한 협의를 하고 있다. 미국은 통일대박론을 지지함으로써 한미 공조를 통한 북한 붕괴정책을 적극화하고 있으며, 박근혜 정부 역시 이에 따라가고 있다.

이 같은 접근으로는 북한의 실상을 제대로 파악할 수 없으며, 북한의 현실에 기초한 합리적 대북정책이 나올 수 없다. 오직 미국 고위관리들의 입만 보일 뿐이다. 그런 실례는 이미 여러 차례 존재해왔다. 2013년 12월 13일 미 국무부 대변인은 정례브리핑에서 "북한의 내부 상황과 관련해 지역 동맹 및 파트너 국가들과 논의를 늘릴 방침"을 발표했다. 12월 12일 장성택 사형이 집행된 지 하루 만에 나온 미 국무부의 브리핑이었다.

미국 내에서 이와 같은 논의가 확산되었다. 미국진보센터의 로렌스 콥 연구원은 "이번 사건(장성택 처형)으로 중국은 북중관계를 재검토하게 될 것"이라고 전망했고, 북한 전문가로 알려진 알렉산더 만수로프 역시 "평양의 중국통이 공개적으로 모욕당하고 처형당하면서 중국은 믿을만한 채널과 중요한 지렛대를 잃었다"며 "미국이 중국에 대한 대북 문제를 아웃소싱해야 한다고 주장하는 사람들은 다시 생각해봐야 할 시점"이라고 덧붙였다.

2014년 1월 7일 한미 외무장관 회담은 "북한 정세를 분석하고 대응 방안을 모색하는 협력 체제를 갖추기로" 합의했다. 게다가 존 케리 국무장관은 2월 1일 뮌헨에서 "중국을 방문해 북한 이슈를 논의할 것"이라며 북한 급변사태에 대해 중국과 협의할 것임을 밝혔다. 장성택 처형, 미국발 북한 급변사태론 제기, 그에 대비한 미중 간의 협의 등 일련의 상황 전개 속에서 박근혜 정권은 미국발 북한 급변사태론을 따라간 것이다.

또한 박근혜 정권의 통일대박론은 일본의 집단적 자위권 문제와 결합했을 때 재앙적 결과가 나올 수 있음을 시사한다. 일본의 집단적 자위권은 한 마디로 말해 한반도 등 주변국에서 유사사태가 발생했을 때 일본 자위대가 군사적 행동을 벌일 수 있는 권리를 말한다. 2014년 7월 1일 아베 총리는 내각 결의를 통해 집단적 자위권을 공식화했다. 물론 박근혜 정권은 "한반도 안보와 우리의 국익에 영향을 미치는 사안은 우리의 요청과 동의가 없는 한 용인될 수 없다"는 입장을 밝혔다. 그런데 이 입장은 엄밀히 말하면 일본의 집단적 자위권은 용인하되 '한반도 문제와 관련해서는 한국 정부와 상의해야 한다'는 것이다.

〈사진 7〉 한미연합사단 창설 규탄 기자회견
2014년 한미 양국은 북한 급변사태를 오리는 한미연합사단을 창설했다.

더욱이 일본이 집단적 자위권을 행사하는 데서 한국 정부와 상의해야 한다는 것은 박근혜 정부의 바람일 뿐이다. 그것은 전적으로 미일 양국 사이의 협의 사항이다. 그런데 미일 사이에는 이미 합의된 것이 있다. 1960년 미일안보조약을 개정할 때 맺은 두 개의 밀약과 1996년 미일안보공동선언이 그것이다. 1960년의 첫 번째 밀약은 한반도 유사시 주일미군 기지에서 미군의 군사력이 전개되는 것을 일본은 허용한다는 것이다. 두 번째 밀약은 핵무기를 탑재한 전투기와 함대가 주일미군 기지에 드나드는 것을 일본은 허용한다는 것이다. '미일 안전보장 공동선언- 21세기를 향한 동맹'이라는 제목의 1996년 미일안보공동선언은 미일동맹의 목적을 "아시아태평양 지역의 평화와 안정 유지"로 확장시켰다. 미국과 일본은 이미 20년 전에 아시아태평양 지역에서 한 몸으로 움직이겠다는 것을 합의한 것이다. 이 같은 흐름에서 한국 정부는 일체의 협의 대상이 아니었다.

　　통일대박론으로 포장된 북한 붕괴정책과 급변사태 대비정책은 박근혜 정권의 의도와는 무관하게 자칫 한반도에 대한 일본의 정치군사적 개입을 허용하는 중요한 명분이 될 수 있다는 것이다.

3. 북한 체제 지속성에 근거한 통일론

한미 양국은 북한 체제의 불안정성을 강조하지만, 북한 체제가 불안정하다는 객관적 근거는 존재하지 않는다. 오히려 김정은 체제가 안정화되어 가고 있다는 소식이 들려올 뿐이다.

김정은 제1위원장은 2008년부터 김정일 위원장과 함께 현지지도를 다니면서 지도자 수업을 거쳤다. 2009년 1월에 김정은 부위원장을 후계자로 내정한 이후 2010년 9월 28일 당대표자회에서 공식화하기까지 군인사 교체, 헌법 개정, 국방위 확대 강화, 내각 개편, 당중앙군사위원회 확대, 당체제 개편 등 당정군에 이르는 정치체제 전반을 후계체제 구축작업에 맞춰 정비했다. 김정은 제1위원장은 2012년 공식 승계 이후 국정 전반을 확고하게 장악한 것으로 평가된다.

북한 체제 불안정성의 또 다른 근거로 제시되는 것이 북중관계이다. 실제로 최근 몇 년 북중관계가 소원한 것은 사실이다. 그러나 북중관계의 소원함이 곧 북한 불안정성의 근거가 될 수는 없다. 북중관계는 지난 수십 년 동안 부침을 반복해왔다. 그럼에도 불구하고 북한 체제는 군건했다는 점을 상기해야 한다. 게다가 최근 북중 정상회담이 다시 거론되고 있는 실정이다. 북중관계가 일시적으로 소원하다 할지라도 전통적인 우호관계에 근본적인 변화가 있는 것은 아니다. 설령 북중관계와 북한 체제의 안정성 사이에 어느 정도 상관성이 있다고 하더라도 북중관계가 다시 복원될 가능성이 높아 보인다는 점에 유의해야 한다.

이런 점들을 감안할 때 심리전과 국제적 고립을 통한 저강도 북한 붕괴전략이 성공하기 힘들다는 것은 분명하다. 그렇다면 고강도 전략은 어떨까? 그것은 더욱 힘든 상황으로 가고 있다. 비록 미국 정부가 북한 핵을 공식적으로 인정하고 있지는 않지만, 북한이 핵무기를 보유한 국가인 것은 분명한 사실이다. 미국이 대북 맞춤형 억제전략을 마련하고 그것을 군사행동에 적용하는 훈련을 하고 있지만, 고강도 전략 집행을 위한 무분별한 군사행동에 착수하는 것은 더욱 힘들어졌다. 그렇다면 결론은 분명하다. 북한체제의 불안정성, 북한 붕괴 가능성을 전제로 하여 대북정책을 추진하는 것은 현실적으로 타당하지 않다. 비록 한미 양국이 저강도·고강도 병행전략을 구사하고 있지만, 그것은 성공하기 힘들다. 그와 같은 전략을 고수할수록 북미관계, 남북관계만 험악해지고 한반도의 긴장상태만 높아질 뿐이다. 하루라도 빨리 북한 체제의 지속성에 근거해서 대북정책을 수립해야 한다.

제5장   통일 이념으로서 민족주의

"민족주의는 다른 민족, 다른 인종을 차별하거나 배타하는 주의가 아니다. 진정한 다문화주의와 민족주의는 대립되는 것이 아니다. 내 아이를 진심으로 사랑하면 남의 집 아이 또한 배려하듯 자기 민족을 진심으로 사랑하면 다른 민족의 아픔도 같이하면서 더불어 살아갈 수 있는 것이다. 한국에 들어온 외국 이주민들을 따뜻이 배려하고 그들의 권리와 지위를 개선하고 불평등을 해소해 나가는 것이 진정한 민족주의요, 올바른 국제주의인 것이다."

현재 한국사회에서 가장 뜨거운 쟁점 가운데 하나는 민족과 관련된 문제이다. 많은 이들이 민족 얘기만 나오면 고리타분한 옛날 얘기를 꺼내는 것처럼 반응하거나 먹고 살기도 힘든데 무슨 민족이냐는 식의 냉소적 반응을 보이기도 한다.

그러나 21세기 한국사회에서 민족, 민족주의를 어떻게 바라볼 것인가의 문제는 단지 학술적 영역의 문제로 치부할 게 아니다. 이는 한국사회의 핵심적 과제인 통일과 주권의 문제, 또 민주주의 실현의 문제와 직접적으로 관련되어 있기 때문이다.

안타깝게도 이제는 민족을 해체하고 민족주의를 폐기하여야 한다는 주장이 뉴라이트로 대표되는 보수수구진영은 물론 일부 진보적인 학자나 노동운동가들에게서도 제기되고 있다. 이들이 이런 주장을 하는 사회적 근거는 크게 두 가지이다.

하나는 한국사회가 이제 세계화되어 이미 한국에 대거 들어와 있는 외국인들과 함께 살아가야 하는 환경이 되었다는 것이다. 이들과 함께 살아가기 위해서는 배타적인 성격을 가지고 있는 민족주의를 폐기하고 세계주의, 다문화주의를 새로운 대안으로 받아들여야 한다는 것이다.

다른 하나는 한국사회의 자본주의가 고도화되고 사회적 불평등이 심화되어 노사대립, 정권과 민중 간의 대립이라는 계급계층문제를 중심 문제로 바라봐야 한다는 것이다. 민족주의는 이런 계급계층간의 대립을 덮어버리고 민족적 단결을 앞세우기 때문에 폐기되어야 한다는 것이다.

전자는 주로 뉴라이트 등의 보수수구진영이, 후자는 일부 진보적인 학자나 노동운동가들이 내세우는 민족 해체, 민족주의 폐기 주장의 사회적 근거이다.

여기에 더해 이들은 공통적으로 민족이란 자본주의 형성기에 시장통합과 국민국가 건설을 위해 만들어진 '상상의 공동체'라는 서구의 이른바 근대주의적 입장을 받아들이고 있다. 그렇기 때문에 세계화된 현대 자본주의사회에서 이 상상의 산물인 민족은 더 이상 의미가 없다는 것이다. 특히 많은 외국인들과 함께 살아가는 현실에서 혼혈은 피할 수 없기에 혈연적 관계를 주요 특징으로 하는 민족은 해체되어야 한다는 것이다.

이런 주장은 이명박 정권 이후 사회의 지배적 조류가 되어 학생들의 교과서는 물론 각종 TV방송물, 영화, 도서 등 대중문화 전반에 확산되고 있다. 민족의식을 약화시키고 민족주의를 왜곡하는 이런 흐름은 급기야 노골적으로 친일을 옹호하고 민족을 비하하는 자들을 정부의 주요 요직에 앉히는 데까지 이르고 있다.

그러나 아무리 민족을 부정하고 민족주의를 없애려 해도 민족은 그렇게 해체되는 존재가 아니다. 우리 민족은 수천 년의 세월을 통해 공고히 형성된 사회적 실체다. 신토불이란 말이 있듯이 이 땅에서 오랜 기간 나고 살면서 몸이 이 땅에 꼭 맞게 체질화된 사람들이 모여 사는 공동체가 민족이기에 이 땅의 주인이 바뀌지 않는 한 민족이 해체될 수는 없는 것이다. 시대가 조금 변했다고 민족이 해체되어야 한다면 우리 민족은 이미 일본이 이 땅을 점령하였을 때 해체되었을 것이다.

민족주의는 그 주체에 따라 부르주아 민족주의와 민중적 민족주의, 그 성격에 따라 배타적 민족주의, 종족적 민족주의, 저항적 민족주의, 진보적 민족주의 등으로 구분되는 것이 아니다. 이러한 분류는 오히려 민족주의란 무엇인지 헷갈리게 할 뿐 아니라 민족주의를 다른 이념이나 이론과 결합해야 의미를 갖는 불완전한 이념으로 보이게 할 뿐이다.

민족주의는 민족이 형성된 이래 많은 세월에 걸쳐 공고해진 고유의 특성이 본성과 구조가 있다. 그 본성은 외세의 침략으로부터 민족을 지키려는 민족수호의지, 민족의 통일과 단합을 지키려는 의지, 그리고 자기민족의 발전을 도모하는 지향과 의지이다. 민족주의는 이 본성을 제대로 지키는가, 못 지키는가에 따라 올바른 민족주의인가 사이비 민족주의인가로 나뉠 뿐이다.

우리 시대 민족문제는 외세문제와 통일문제이다. 다른 나라들의 민족문제가 주로 외세와의 관계에서 제기된 것이었다면 우리 민족에겐 거기에 분단을 허물고 통일을 이루어야 하는 과제가 중첩되어 있다. 우리 민족에게 외세문제란 외세에 의한 정치군사, 경제, 문화 등 사회 전 영역에 걸친 주권 침해의 문제이고, 통일문제란 분단 유지 내지 흡수통일을 반대하고 전 민족이 힘을 합쳐 통일을 이룩하는 과제로 제기되고 있다. 그렇기 때문에 우리 민족의 민족문제 해결은 그 어느 나라보다 어렵고 많은 시간이 걸리고 있다.

우리 시대 민족주의는 바로 이 두 가지 문제를 해결해 나가는 근간이 되는 기본 이념이다.

1. 민족은 해체되어야 하는가

1) '교학사' 교과서와 드라마 〈기왕후〉

2014년 6월 한국 정치사에서 수많은 국민의 눈과 귀를 의심케 하는 일이 발생하였다. 박근혜 대통령이 일제 시대를 찬양한 문창극 전《중앙일보》주필을 국무총리 후보로 내정한 것이다. "일제 식민지배는 하나님의 뜻"이라거나 "하나님이 대한민국 공산화를 막기 위해 분단이라는 시련을 주셨다", "우리민족의 DNA는 게으르다"는 등 친일과 민족비하 주장을 공공연히 행한 사람을 국정 책임자에 앉히겠다는 것을 보고 국민은 기가 막힐 수밖에 없었다.

문창극 전 주필을 총리에 앉히려는 시도는 온 국민의 반대로 실패했지만 그와 비슷한 친일, 독재미화 입장을 가진 이인호 서울대 명예교수는 결국 KBS 이사장에 취임하였다. 이인호 이사장은 문 전 주필이 "식민지배는 하나님의 뜻"이라는 망언이 담긴 교회 강연에 대해 "나라와 민족을 사랑하는 마음에 감동했다"고 발언한 사람이다.

그밖에 국내 방송 전체를 관리 감독하는 방송통신위원회 위원장에 박효종, 국사편찬위 위원장에 유영익 등 이른바 뉴라이트 계열의 친일 민족부정, 이승만·박정희 찬양론자들이 중요한 자리를 차지했다. 비분강개한 205명의 독립운동가 후손들과 윤경빈 선생을 비롯한 7명의 생존 독립지사는 성명서를 발표해 "박근혜 대통령의 역사관, 국가관이 정상적이지 않음을 입증하는 것"이라고 개탄하고는 "안중근 의사, 윤봉길 의사가 오늘에 살아 있다면, 이런 반민족 친일세력에게 폭탄을 던졌을 것"이라고 분개했다.《오마이뉴스》

일본이 한반도에서 쫓겨난 지 70년 세월이 흘렀고 헌법 전문에 3.1운동과 상해임시정부의 법통을 이어받았다는 대한민국 정부 아래서 일제를 미화하고 민족 독립운동을 비하한 자들이 이처럼 득세하고 큰소리치게 된 원인은 어디에 있는 것일까.

무엇보다 큰 요인은 갈수록 민족의식이 약해지고 민족주의를 구시대적 유물로 바라보는 경향이 강해지는 데 따른 것이다.《동아일보》가 2014년 10월 '통일의식'에 대해 조사한 결과를 보면 '통일을 왜 해야 하나'라는 질문에 '원래 한민족이니까'라는 민족의식에 의한 답변은 33.2%에 불과하였다. 물론 다른 답변에 비해 가장 높은 수치이기는 하나 1994년 조사에서 59%였던 응답률에 비하면 현저히 낮아진 것이다. 특히 이명박 정부가 들어선 뒤부터 낮아지는 속도가 빨라져 2009년엔 44%로 낮아지더니 박근혜 정부 2년차에는 30%대로 더 떨어졌다.

민족의 해체를 주장하고 민족주의를 부정하는 입장은 일부 진보진영에서도 나오고 있다. 이들은 민족을 서구에서 들여온 '상상의 공동체'로 규정하면서 사실상 그 실체가 없다고 주장하고, 민족주의는 "본래 배타적이고 폭력적 이념"으로 다른 민족을 깎아내리고 자기 민족만을 최고로 여기는 "민족지상주의"라고 주장한다. 그래서 민족주의는 오늘날의 세계화, 정보화, 자유화 시대에 맞지 않기 때문에 폐기되어야 한다는 것이다.

이들은 사실상 민족주의를 히틀러가 게르만족의 우월성을 내세웠던 인종주의, 종족주의로 이해한다. 인종주의, 종족주의는 겉으로는 민족을 운운하지만 사실은 다른 민족을 침략하기 위한 도구로 파시즘적 이데올로기이다. 인종주의는 과거 호주의 백호주의(백인우월주의), 미국의 유색인종 차별주의로 여전히 살아있다.

하지만 역사적으로 볼 때 우리 민족이 다른 민족을 깔보거나 억압한 적은 없다. 진정한 민족주의는 다른 민족을 차별하지 않는다. 자기 민족의 우수성을 자랑하지만 다른 민족이 가진 장점 또한 인정하고 수용한다. 그래서 민족주의는 배타적이지도 자기민족지상주의도 아닌 것이다. 단적인 예로 우리나라 275개 성씨 가운데 130여 성씨가 귀화성씨일 만큼 우리 민족은 여러 갈래의 외래인이 들어와 서로 배타하지 않고 자연스레 동화되어 형성된 것이다.

그러나 뉴라이트는 세계화 시대에 국경이나 민족은 무의미하며 "이기심을 본성으로 하는 인간개체(개인)"를 중심으로 놓아야 한다고 주장한다. 이것이 그들이 주장하는 자유주의에 기반한 세계주의이다. 이들의 세계주의란 개인의 이기적 욕망을 충족하기 위해 국경이나 민족에 구애됨이 없이 마음대로 움직이는 것을 보장한다는 주의이다. 이는 외국 자본이 우리나라 시장을 개방시켜 마음대로 들고나는 신자유주의와 맥을 같이한다. 바로 이런 이유로 친일 역시 자신의 이기적 욕망을 위해 행한 것이기에 정당하다는 것이다.

　　이들은 이런 주장에 애국이란 덧신을 입힌다. 왜냐하면 개인만을 강조하게 되면 국가는 무엇인가라는 문제가 제기되기 때문이다. 그래서 이들은 민족에 구애받지 않는 개인들의 집합으로서 국가를 상정한다. 다양한 인종과 문화를 가진 사람들이 하나의 국적으로 모인 국가를 주장하는 것이다. 여기서 나온 주장이 이른바 "민족주의 없는 애국", "애국적 세계주의"이다.

　　결국 이들의 애국이란 개인들이 자신의 출세를 위해 민족을 배반하고 외세에 빌붙어 얻은 부와 권력을 지켜주는 국가에 대한 애국이다. 민족이 없고 민족주의가 폐기되었으니 가치란 오로지 자신의 지위를 지켜주는 부와 권력일 뿐이다. 이들이 친일파들을 정부 요직에 앉히고 지켜준 이승만, 박정희를 찬양하는 근거가 여기에 있고, 8·15를 광복절이 아닌 건국절로 하자고 주장하는 이유도 여기에 있다. 자신들에게 죄를 물을 수 있는 민족해방으로서 8·15

가 아니라 자신들이 친일을 해서 얻은 부와 권력을 지켜주는 새로운 나라가 출현한 8·15가 돼야 한다는 것이다.

2014년 9월 윤상현, 나경원 등 새누리당 의원 62명이 광복절인 8·15를 '광복절 및 건국절'로 개정하는 내용의 '국경일에 관한 법률 개정안'을 입법 발의한 것은 이들이 자신들의 지위를 유지하기 위하여 역사의 진실을 얼마나 왜곡하고 있는가를 단적으로 보여준다. 이에 대해 '광복절 수호 국민운동본부'는 성명을 내어 "헌법을 부정하면서까지 국가와 민족에 아무 실익이 없고 대외적으로 국제무대에 약점이 되어 우리의 발목을 잡고, 통일의 정당성마저 훼손함으로 커다란 손해를 끼칠 '건국절'을 고수하려는 이유는 친일에 의해 기득권을 얻고 있는 친일 보수세력이 자신들의 입지를 합리화해 부와 권력을 지속시키고자 국민을 현혹시키려는 음모라고 볼 수밖에 없다"고 강력히 규탄하였다.

뉴라이트는 이런 주장을 보편화하기 위한 체계적이고 광범위한 작업을 진행하고 있다. 우선 정권의 비호 아래 역사 교과서를 친일과 독재를 미화하는 내용으로 바꾸는 작업을 진행하였고 영화나 각종 TV프로그램을 통한 대중문화화도 끊임없이 시도하고 있다. 대표적인 것이 유명한 '교학사' 교과서와 인기를 끈 TV드라마 〈기왕후〉이다.

이명박 정권의 비호 아래 커다란 사회적 논쟁을 일으켰던 뉴라이트의 '교학사' 교과서는 "김구는 테러리스트"라고 하거나 "제주 4·3항쟁을 폭동"이라고 규정하는 학자들이 참여한 데서 알 수 있듯이 서술 전반이 민족 비하, 친일 독재 미화로 일관되어 있다.

예를 들면 대표적 친일파 김성수, 박흥식 등을 민족 경제 발전에 기여한 민족자본인 것처럼 기술하고, 위안부 문제를 단기간에 발생한 사건으로 축소함은 물론 식민지 시대가 시간 개념을 알려주었다는 등 근대화에 기여한 것처럼 서술한 것이다. 나아가 이승만을 당시 한국인이 가장 존경하는 인물로 기술하고, 5·16쿠데타를 긍정적으로 표현하는 등 이미 사회적으로 합의된 역사적 평가조차 뒤집고 있다.

하루 12시간 이상의 가혹한 전근대적 식민지 노예노동에 시달려야했던 조선인 노동자의 처지보다 일본이나 친일 자본가의 입장에선 시간 개념이 근대화의 기준으로, '모던 보이'니 '모던 걸'이니 친일파들이 친일의 대가로 얻어 입었던 서양식 '패션'을 근대와 전근대를 가르는 기준으로 내세우고 있는 것이다. 여기에는 민족의 아픔, 고통은 전혀 보이지 않고 오로지 개인의 영달과 서양식 문물만이 근대화의 상징으로 부각될 뿐이다.

2014년 4월 시청률 1위로 인기를 끌었던 TV드라마 〈기왕후〉는 개인의 이기적 욕망을 위해 민족과 국가를 등진 행동을 미화시킨 대표적 역사왜곡 드라마다. 고려를 지배한 원(몽골)나라의 황후가 된 고려여인 기 씨와 그 일족이 자신의 이득을 위해 고려를 농락하고 심지어 자기 조국인 고려를 침략까지 했던 역사적 사실을 미화한 이 드라마는 민족도 국가도 자신에게 이득이 되지 않으면 무의미하다는 이기심을 본성으로 한 뉴라이트의 세계관을 그대로 보여준다.

이런 류의 TV방송물이나 영화는 이명박 정권 이후 급격히 늘어났다. 충무로에 1930년대 경성 바람을 일으켜 "일제가 가져다 준 세련된 근대문명"을 곳곳마다 배치해 은연 중 일본을 미화한 〈기담〉, 〈라듸오데이즈〉, 〈모던 보이〉, 〈놈놈놈〉 등의 작품은 민족(주의)을 허무는 작업이 우리가 모르는 사이 대중문화 전반에 얼마나 광범위하고 체계적으로 스며들고 있는지를 보여준다.

2) 왜곡된 다문화주의의 확산

다문화주의는 민족주의의 대안인가

뉴라이트는 민족주의의 대안으로 이른바 다문화주의를 강력히 퍼트리고 있다. 그 일환으로 박근혜 정부는 한국관광공사 사장에 독일계인 이참을 임명하고 새누리당 비례국회의원으로 필리핀 출신인 이자스민을 공천하였다. 다문화주의는 이명박 정권에 이어 박근혜 정권에서도 주요한 정책 지표로 자리 잡고 있다.

사실 다문화주의, 다문화 정책이란 우리에게 익숙지 않은 표현이다. 노무현 정권부터 시작된 다문화 정책은 이명박 정부 들어 주요 국정방향으로 떠올랐고 박근혜 정부 들어 더욱 부각되고 있다.

다문화주의란 국적, 체류자격, 인종, 문화, 성별, 연령, 계층적 귀속감에 관계없이 모든 사람이 보편적 권리를 가지며, 그들의 삶의 방식이 존중되어야 한다는 관점(네이버 지식백과, 2013.2.25)으로 주로 미국이나 캐나다, 독일 같은 다민족, 다인종 국가에서 제기된 주의이다.

그러나 미국과 영국, 프랑스 등 영미식 다문화주의는 흑인이나 아시아, 남미계 등 이주민들의 사회경제적, 정치적 권리 신장을 기본 방향으로 하는 것이 아니라 이들의 구역인 '거리의 공간'(흑인 슬럼가 등)을 만들고 사회 불평등을 숨기면서 이들에 대한 고정관념을 강화하며, 모든 문화를 춤과 음식, 노래로 축소한다는 비판을 받는다.

특히 미국의 다문화주의는 흑인 등 여러 인종, 민족의 노래와 춤, 음식 등을 존중하는 것처럼 보여주고 나아가 흑인(혼혈) 대통령까지도 나왔지만 여전히 흑인들의 사회경제적, 정치적 지위를 개선하는 문제는 도외시한다. 오히려 퍼거슨 시 사태, 볼티모어 시 사태에서 보듯 백인 경찰이 비무장한 흑인을 사살하거나 구타로 숨지게 해도 기소조차 되지 않는 인종차별이 만연해 있다. 다만 백인문화에 잘 동화되어 선택된 극소수의 흑인이나 이주민만이 자신의 지위를 높일 수 있는 현실은 미국의 다문화주의가 백인 중심 주류사회로의 수직적 통합을 위한 수단으로 활용되고 있음을 보여준다. 이런 미국식 다문화주의를 동화주의적 다문화주의라 한다.

뉴라이트의 다문화주의는 미국식 다문화주의를 따라하고 있다. 뉴라이트는 한국이 미국과 같은 다민족, 다인종 국가가 아님에도 최근 증가한 외국 이주민수를 근거로 다문화주의를 내세우면서 이들에 대해 '한민족'이 아닌 '한국인'으로의 동화를 추진하고 있는 것이다. 이들은 한국이 이제 세계화 시대에 걸맞는 다문화국가가 되어야 한다고 주장한다.

이들이 이런 주장을 하는 근본 이유는 단일민족을 해체하는 실질적 방안이 된다고 보기 때문이다. 뉴라이트는 단일민족론을 혈통적으로 이해하여 다른 민족과 혈연적으로 섞이면 단일민족이 해체되고 민족의식이 약화된다고 보는 것이다.

차별과 동화의 다문화정책

한국사회의 외국 이주민은 정부의 이른바 외국인 노동자 유입 정책, 외국인 유학생 유치 정책, 농촌가정 꾸리기 정책, 해외자본 도입 정책 등에 의해 증가되었다. 저출산 고령화사회 진입, 농촌 노동력의 절대적 감소, 외국자본 유입 증가 등을 배경으로 정부가 정책적으로 추진한 외국인 유입 정책은 다수의 이주노동자를 비롯하여 주로 동남아 여성들의 결혼 이주 등을 대폭 증가시켰다. 이미 150만 명에 달하는 국내 거주 외국인(2014년 4월 기준)과 한해 결혼 인구 32만 쌍 가운데 8%에 달하는 외국인과의 결혼 비율(2013년 기준. 통계청)은 한국사회에 다양한 인종과 민족이 증가

하는 일종의 다문화 현상을 낳고 있다.

　뉴라이트는 이러한 사회적 현상을 근거로 세계화 시대에 걸맞게 이미 많은 수의 외국인이 한국에 들어와 살고 있으니 만큼 배타적인 민족주의를 버리고 이주민들을 동화시켜 한국인으로 살아갈 수 있게 해야 한다고 주장하는 것이다.

　이에 의거해 정부는 '외국인 정책 기본계획'을 통해 정책적으로 이들을 관리하고 있다. 정부의 다문화 지원정책은 크게 두 부류의 외국인에 집중되어 있다. 하나는 미국, 유럽 등 서구의 외국인이나 대학·전문기술직 등의 외국 유학생이고, 다른 하나는 주로 한국 농촌총각과 결혼하여 다문화 가정을 이룬 동남아 여성이다.

　정부가 미국 등 서구 외국인을 중시하는 이유는 분명하다. 그들이 세계화를 추동하는 주역이고 우리가 세계인으로 살아가기 위해서는 거꾸로 그들을 본받아야 한다고 보기 때문이다. 이들 백인이 한국에 들어와 살아간다면 그 만큼 한국은 세계화, 다문화 되었다는 효과적인 선전이 되는 것이다.

　그리고 다문화 가정을 중시하는 이유는 농업 노동력을 유지하는 방편이자 단일민족을 해체하는 실질적 방안이 된다고 보기 때문이다. 다문화 가정은 2012년 기준으로 초등학생 입학생 10명당 1명이 다문화 가족의 아동이고, 2020년대에는 5가구 중 1가구가 다문화 가족이 될 것이라는 전망도 있다.

　그러나 국내에 들어온 외국 이주민 가운데 가장 많은 비율을 차지하는 이주노동자에 대해서는 별다른 혜택을 제공하지 않는다.

오히려 그들이 받는 소외와 차별에 대해서는 침묵하고, 그들의 침해받는 인권문제도 외면한다. 이들은 한국의 비정규직 3D업종을 받쳐주는 저임노동력 일 뿐이기 때문이다. 정부는 이들에게 영주권을 얻을 수 있는 합법적 체류기간인 5년 이상을 못 채우도록 4년 10개월만 머물 수 있도록 하고 있다. 이는 이주노동자들이 노동자로서 자신의 권리를 주장하지 못하도록 하기 위한 조치이자 효과적으로 통제하기 위한 방안이다.

정부가 이주노동자를 대량으로 받아들이면서도 차별적으로 이들을 관리하는 이유는 이들이 노동자로서 권리 확보를 위한 단결을 못하게 하여 비정규직 저임노동력을 계속 유지하려는 것이다. 그리고 향후 예견되는 인구 감소에 따른 노동력 부족을 외국인노동자로 채우려는 의도 또한 갖고 있는 것이다.

결국 정부의 이주노동자에 대한 다문화 정책이란 미국 내 흑인, 유색인종처럼 이주노동자들의 음식, 춤, 노래 등을 용인하고, 그들의 집단적 거주지들을 조성하여(경기도 안산시 등 전국 49개 지역) 이른바 '그들의 공간'을 통해 안정적인 저임노동력 공급처로 기능하게 하는 것이다. 진정으로 다문화주의가 지향해야할 이들의 권리나 지위 개선에는 전혀 눈을 돌리지 않는다.

이런 차별 정책을 배경으로 한 정부의 다문화 정책이란 결국 이들 외국 이주민에게 빨리 한국어를 익히게 하고 한국문화에 적응시켜 '한민족'이 아닌 '한국인'으로 동화시키는 것이다. 이를 통해 더 이상 한국이 단일민족이 아닌 다양한 인종의 개인들이 어울려

사는 다문화 국가가 되었다는 것을 보여주는 것이 뉴라이트 다문화주의의 목표인 것이다.

이를 위해 TV는 이들에게 한복 입는 법, 송편 만드는 법, 김치 담그는 법 등을 가르쳐 주는 것을 방송한다. 또 한국말 잘하는 외국인을 출연시켜 그들이 한국문화에 익숙해지는 모습을 보여준다. 마치 이들이 한국인이 되어 이제는 한국이 다문화 국가가 된 것처럼 선전하는 것이다. 결국 뉴라이트가 주장하는 다문화주의란 이념적 측면에서는 민족, 민족주의를 해체하고 세계주의를 보편화시키기 위한 정치적 선전수단으로, 경제적 측면에서는 해외자본 유치를 원활히 하고 안정적인 저임노동력 확보를 위한 방안인 것이다.

그러나 뉴라이트가 중시하는 농촌의 다문화 가정 확대 배경에는 정부의 살농정책에 의해 몰락해가는 한국의 농업, 농촌의 현실이 있다. 근본적으로 경제적 곤란을 해소하려고 한국 농촌에 들어온 동남아 결혼이주여성들에게 한국 농촌 역시 가난을 해결해 줄수는 없었다. 이 점이 다문화 가정이 안정적으로 유지 확대될 수 없는 조건이다. 결혼 4년 내 이혼했다는 다문화 가정이 79%에 이른다는 통계(현대경제연구소, 2010년)는 정부의 다문화 정책이 얼마나 빛 좋은 개살구인가를 단적으로 보여준다.

진실로 다문화주의를 실현하려면 압도적 다수인 이주노동자를 중심으로 다문화 가정을 포함하여 편견과 차별 없는 사회적 체계를 세워야 한다. 차별 없는 임금과 일자리, 복지, 열악한 조건에 있는 이주노동자에 대한 구조지원, 다문화 가정을 포함한 일반 농촌 가정에 대한 보편적 지원 등이 정책적으로 제시되어야 한다. 아울러 이주민들의 자유와 권리에 초점을 두고, 아래로부터 참여를 통해 편견·불평등을 해소할 실질적인 변화를 추구해야 한다.

왜곡된 다문화주의와 통일 지향의 약화

뉴라이트는 '민족주의=배타성, 다문화주의(세계주의)=개방성'이란 도식으로 민족주의를 구시대의 유물로 낙인찍고 영미식 다문화주의를 마치 대안이념인 것처럼 집요하게 선전하고 있다. 이는 학술과 교육은 물론 신문, 방송, 영화 등 대중문화 전 영역에서 우리 국민의 민족의식을 약화시키려는 사업을 전방위적으로 확대하는 것과 병행되고 있다. 여기에 더하여 일부 진보세력들도 민족주의는 전체주의의 기반이요, 개인의 자유와 권리를 억누르는 사조라는 등 뉴라이트와 비슷한 주장을 하여 민족의식을 약화시키는 데 일조하고 있다.

그러나 민족주의는 다른 민족, 다른 인종을 차별하거나 배타하는 주의가 아니다. 진정한 다문화주의와 민족주의는 대립되는 것이 아니다. 내 아이를 진심으로 사랑하면 남의 집 아이 또한 배려하듯 자기 민족을 진심으로 사랑하면 다른 민족의 아픔도 같이하면서 더불어 살아갈 수 있는 것이다. 어떤 이유로든 한국에 들어온 외국 이주민들을 따뜻이 배려하고 그들의 권리와 지위를 개선하고 불평등을 해소해 나가는 것이 진정한 민족주의요, 올바른 국제주의인 것이다.

민족의식의 약화, 민족 해체 주장의 확산은 필연코 통일 지향의 약화 내지 통일 반대로 이어진다. 민족이 해체된다면 남북은 함께 살아야 할 같은 민족이 아니라 체제가 대립하는 두 적대국가 이상이 아니기 때문이다. 이런 주장은 결국 현 분단 상태의 유지 내지 상대를 무너뜨리는 흡수통일로 나아갈 수밖에 없다.

☞ 단일민족의 의미

'단일민족'이란 의미는 모두가 단군의 혈통적 자손이라는 뜻이 아니다. 민족은 사회역사적 개념이지 단순히 생물학적 혈연개념이 아니다. 앞서도 얘기했지만 한국의 성씨 가운데 절반 가까이는 외래 귀화인들의 성씨일 만큼 우리 민족은 여러 외래인들이 들어와 오랜 세월에 걸쳐 형성되었다. 민족을 구성하는데 혈연적 관계는 중요하지만 그렇다고 구성원 모두가 한 선조에 의한 단일한 핏줄이어야 한다는 의미는 아니다. 단일민족은 혈연적 연계뿐 아니라 하나의 언어, 하나의 지역, 하나의 문화 등이 대를 이어 형성된 데서 나온 표현인 것이다. 민족공동체는 국가 형성의 기초다. 특히 우리처럼 한 지역에서 서로 혈연적 연계를 맺으며 같은 언어, 문화를 공유하고 또 하나의 나라로 통합되어 이어져 온 민족은 세계사적으로 드물다. 우리의 민족의식이 강한 이유도 여기에 있다.

3. 민족은 해체되지 않는다

1) '세월호'와 〈명량〉 : 변함없이 살아있는 민족의식

세월호 참사는 '우리에게 나라란 무엇인가'라는 근본적인 질문을 던졌을 뿐 아니라 '이 시대 민족애란 무엇인가'를 보여준 중대한 계기이기도 하다. 해외에 있는 우리 동포들이 세월호 유족들에게 보여준 깊은 공감과 슬픔은 바다를 건너 이 땅에 살고 있는 우리 모두에게 큰 감동과 울림으로 다가왔다. 미스유에스에이가 미국 전역에서 십시일반으로 모은 돈으로 한 번에 수천만 원씩 하는 《뉴욕타임즈》 광고로 세월호 참사의 진실을 밝히라는 요구를 세 번씩이나 내고, 유럽, 미주의 동포들이 세월호 유족의 슬픔과 분노를 전 세계에 알리는 데 앞장선 것은 뜨거운 민족애가 없다면 불가능한 일이다.

인천 아시안게임에서 남북 여자축구 선수들과 남북공동응원단이 보여준 한 폭의 그림은 이 나라에 여전히 민족애가 강하게 살아 있음을 보여준다. 북일 축구 결승전에서 우리 응원단이 보여준 열렬한 "우리 선수 이겨라", "우리의 소원은 통일" 등의 응원과 시상식장에서 보여준 남북선수들의 축하와 환성이 담긴 기념사진은 70년 분단 세월에도 우리 민족의 동포애는 변함없이 타오르고 있는 것이다.

〈명량〉이라는 영화에 1,700만이 넘는 사상최대의 관객이 몰렸다. 언론이나 평론가들은 이순신이라는 걸출한 장군에 초점을 맞추어 지금의 무능한 정치지도자들과 대비하면서 국난 시기에 자신이 앞장서 어려움을 헤쳐 나가는 지도자에 대한 민중의 갈망이 영화의 인기요인이라고 말한다. 물론 그런 요인도 있다.

그러나 또 하나 주목할 점은 이 영화가 외세의 침략이라는 국가적 위기상황에 군사력도 보잘 것 없는 조건에서 지도자를 중심으로 온 백성이 단결하여 통쾌하게 왜적을 물리쳤다는 내용에 수많은 관객이 박수를 보냈다는 점이다. 영화 역시 시대적 상황과 연계된 공감의 미학이라 할 때 세월호 참사로 인한 배신과 분열의 고통 앞에서 외세의 침략 앞에 의연히 맞서 군민이 단결하여 승리한 민족적 전통을 우리 국민은 여전히 기대하고 간직하고 있는 것이다. 한 영화평론가는 명량을 "민족주의라는 궁극의 이념을 시각적 서술로 형상화하는 데 성공하여 관객들의 높은 지지를 이끌어 내었다"고 평가하였다.(《중앙일보》, 2014.9.23.)

이렇듯 민족애, 민족의식은 우리 몸속에 배어있고 우리 삶 속에

면면히 이어지고 있다. 21세기 신자유주의가 지배적 사조가 되고 뉴라이트의 민족해체 주장이 기승을 부려 나라와 민족의 경계를 무너뜨리고 시장을 개방해 개인의 영달을 최고의 가치로 여기는 풍조(강미옥, 「뉴라이트 게임의 법칙」, 『보수는 왜 다문화를 선택했는가』, 151쪽)가 세상에 만연해도 수천 년을 이어온 동포를 사랑하고 나라와 민족을 지켜온 민족적 의식은 쉽게 없어지는 것이 아니다.

300년간이나 영국의 지배아래 있어 민족이 동화되었으리라 여겨졌던 스코틀랜드에서 진행된 독립을 위한 주민투표에서 높은 찬성률(45%)이 나온 것은 스코틀랜드 민족의식이 여전히 살아있음을 보여준 사건이었다. 팔레스타인 민족이 이스라엘의 침략에 맞서 어려운 여건 아래서도 당당히 맞서 싸워나가고, 아프가니스탄 민족이 미국의 압도적 공세에도 맞서 싸워나간 힘은 21세기에도 민족이 여전히 세계를 이루는 기초임을 보여준다.

사실 민족이란 그리 어려운 무엇이 아니다. '오랜 기간 일정한 지역에서 같은 언어를 쓰고 혈연적 관계를 맺으며 함께 부대끼며 살아오는 가운데 만들어진 같은 문화를 공유하는 최대의 인간공동체'(정수일, 「민족과 민족주의 그 재생적 담론」, 『21세기 민족주의』, 79쪽)가 민족이다. 따라서 민족은 상상 속에서 만들어진 것이 아닌 오랜 기간에 걸쳐 형성된 살아있는 실체다. 때문에 민족은 말로 아무리 해체하라고 해도 해체되는 것이 아니다.

물론 민족이 영원불멸이라는 것은 아니다. 민족 역시 일정한 사회역사적 조건 아래서 형성되었기에 미래에 사회역사적 조건이 바뀐다면 그에 따라 새롭게 변화해 갈 것이다. 그러나 우리가 사는 이 시대에 민족은 여전히 국가의 기본 단위이자 세계질서의 기본축이다. 그렇기 때문에 팔레스타인이 자신들의 독립국가를 세우려 치열하게 싸우는 것이요, 이라크 북부의 쿠르드족 역시 자신들의 독립국가를 세우려 하는 것이다. 또한 민족이 분단되었던 독일과 예멘, 한반도가 하나로 통일하려는 것도 같은 이치이다.

외국인인 프란치스코 교황조차 "같은 언어를 사용하는 남북은 한 가족으로서 통일되어야 한다"고 하였다. 이것은 그가 이 시대 민족의 의미를 잘 이해하고 있기 때문이다. 같은 언어를 사용하는 남북이란 곧 한 민족을 의미하고, 한 민족이기에 통일된 나라에서 같이 살아야 한다는 것이다. 민족은 21세기에도 여전히 변할 수 없는 가치이다.

2) 우리 시대 민족주의

오랜 기간 대를 이어 형성된 민족은 성원들 간에 깊은 정서적 유대감을 가진다. 이 유대감은 발전하여 자기 민족을 사랑하고 자기 민족이 잘되기를 바라는 지향과 의지가 되는데 이것이 민족주의다.

민족주의의 바탕이 되는 민족애란 민족 성원 간의 정서적 유대감이요 깊은 공감대다. 세월호의 슬픔에 같이 눈물을 흘리고 같이 단식하고 바다건너 이역만리에서도 유족들과 아픔을 함께하며 힘을 모아주는 원동력은 같은 민족으로서 가지는 정서적 유대감, 민족애 이외에는 달리 설명할 길이 없다.

일부에서는 이를 팔레스타인 사람들이 이스라엘로부터 야만적 학살을 당하는 것에 대한 공감대와 무엇이 다르냐고도 한다. 물론 우리도 팔레스타인 사람들이 당하는 고초에 슬퍼하고 이스라엘의 만행에 분노를 느낀다. 그러나 우리가 나서서 이스라엘과 직접 싸우진 않는다. 그들을 규탄하는 시위에 동참하고 지원에도 나서지만 이 문제 해결을 직접적인 나의 문제, 우리의 과제라고 여기지는 않는다. 그러나 세월호 문제는 나의 문제로 여기게 되고 그 해결을 위해 직접 나선다. 이 점이 인간애와 민족애의 차이이다.

민족주의의 첫번째 본성은 자기 민족을 지키려는 의지이다. 영화 〈명량〉에서 보듯 수많은 외세 침략의 역사에서 민족의 독립과 자존을 지키기 위해 맞서 싸워 나갔던 전통은 애국애족의 정신이 없으면 불가능한 일이다. 우리 민족은 역사상 1,100여 차례의 크고 작은 외침과 간섭을 물리치고 민족의 독립을 지켜냈다. 멀리 수·당의 침략으로부터 나라를 지켜내고 가까이 일제하 온갖 희생을 무릅쓰고 민족해방을 위해 싸워왔던 역사는 민족주의의 참된 정신이 무엇인가를 보여준다.

오늘날 민족수호 의지는 민족주권을 지키려는 의지로 나타난다. 전시작전통제권을 미국에게 영구 위임하여 군사주권을 송두

리째 내준 정권에 분노하고 식량주권, 통신주권, 의료주권 등 경제 주권을 빼앗기지 않으려 하는 우리 국민의 분노와 의지는 민족 수호 의지를 여실히 보여준다.

또한 민족수호 의지는 자기 땅을 사랑하고 자기 땅을 소중히 지키려하는 의지이기도 하다. '신토불이'란 우리 민족은 우리 땅에서 난 농산물이 우리 몸에 제일 맞는다는 말이다. 수천 년을 이어오면서 우리 몸은 우리 땅에 가장 잘 맞게 체질화되었다. 이 땅에 꼭 맞게 체질화된 몸을 가진 사람들의 공동체가 바로 민족이다. 때문에 민족을 지키고 사랑한다는 것은 자신이 사는 이 땅의 풀 한포기, 돌 하나도 소중하게 여긴다는 의미다. 우리가 4대강 사업으로 강토가 황폐화되고, 미군기지에 의해 우리 땅이 수십 년 걸려도 치유하기 어려울 정도로 오염된 데 분노하는 것은 이 때문이다. 민족주의는 우리 땅의 환경과 생태보존에 가장 큰 이해를 가진다.

민족수호 의지는 비단 우리만이 아니라 세계 도처에서 볼 수 있다. 대표적으로 베네수엘라의 고 차베스 대통령은 자신의 개혁조치를 19세기 중남미 민족주의 아버지 시몬 볼리바르의 민족주의 사상과 연계시켜 볼리바리안 혁명이라고 하였다(정수일, 「민족과 민족주의, 그 재생적 담론」, 『21세기 민족주의』, 47쪽).

민족주의의 두번째 본성은 민족의 통일과 단합을 지켜 나가려는 지향과 의지이다. 세계사가 보여주듯이 어떠한 민족국가든지 세워진 다음에는 민족 성원들의 통일과 단합여하에 따라 그 존망이 결정되었다. 국가의 융성과 발전은 민족 성원들의 단합과 집단적 지혜가 얼마나 발동되는가에 달려있다. 우리 역사에서 민족통일국가는 신라에 의해 시작되고 고려에 의해 완성되었다.

신라로의 통일 이후 우리 민족은 1,400여년을 한반도에서 한 나라의 성원으로 공동의 혈연, 생활과 문화, 경제활동을 이어왔다. 고려 건국 이후 근세에 이르기까지 우리 민족은 거란, 몽골, 중국, 일본 등 숱한 외침을 받았지만 굳건히 영토와 민족정체성을 지켜왔고 높은 수준의 문명과 문화를 발전시켜왔다. 또한 여러 외래인이 들어와 세대를 이어가면서 한민족으로 동화되었다. 이러한 민족의 통일과 단합의 역사는 우리 민족의 강건한 민족주의로 발전하여 일제하 강고한 민족해방투쟁의 정신으로 이어졌고, 오늘날 민족이 분단된 치욕의 상황 아래서도 민족의 가슴 속에 살아 숨쉬면서 통일의 열망으로 나타나고 있는 것이다. 통일은 우리 민족의 단합과 하나된 역사를 다시 잇는 결정적 사건이다.

민족주의의 세 번째 본성은 자기 민족의 발전을 추구하는 지향과 의지이다. 어느 민족이건 자기 민족이 존엄을 높이고 잘되기를 바란다. 자기 민족이 힘이 없다고 해서 외세에 빌붙어 민족의 요구를 배신하고 민족을 구렁텅이에 몰아넣은 친일파를 지금도 증오하는 것은 민족주의의 본성이 그러하기 때문이다.

민족의 존엄을 높인다는 것은 인류의 요구인 세계의 평화와 발전에 기여하는 것이다. 폐쇄와 배타가 아니라 타 민족과 공생 공영을 실현하는 데 기여하는 것, 체제가 다름에도 민족적 합의에 의해 통일을 이룩하고 동북아의 항구적 평화체제를 건설하는 것이 민족의 존엄을 높이는 길이다.

민족이 잘되도록 한다는 것은 민족국가의 정치, 경제, 문화가 높은 수준에서 실현되어 더 이상 외세의 부당한 간섭 없이 민족 성원이 고루 잘 살 수 있도록 한다는 것이다. 소수의 가진 자들만이 잘 사는 사회가 아니라 민족의 압도적 다수인 민중이 정치, 경제의 주인으로서 고루 잘 살고 높은 문화수준을 누릴 수 있도록 하는 사회를 건설하는 것이다. 통일은 민족 발전을 실현하는 첫 걸음이 될 것이다.

3) 민족주의에 대한 오해

상당수의 민족주의 연구자들은 민족주의를 여러 유형으로 구분하고 있다. 그 주체에 따라 부르주아 민족주의, 민중적 민족주의, 시민적 민족주의로 구분하거나 그 성격에 따라 배타적 민족주의, 종족적 민족주의, 저항적 민족주의, 진보적 민족주의 등으로 구분한다. 또 민족없는 민족주의, 열린 민족주의, 닫힌 민족주의, 국가주의적 민족주의, 문화적 민족주의 등 각자의 필요에 따라 기준 없이 자의적으로 이름을 붙이기도 한다.

민족주의를 이런 식으로 다양하게 분류하게 되면 정작 민족주의는 무엇인가라는 본질적 질문에 부딪히게 된다. 나아가 민족주의는 자체의 본성과 구조를 갖는 이념이 아니라 다른 이론이나 이념과 결합해야 의미를 갖는 불완전한 이념으로 보이게 된다.

민족주의가 다양하게 분류되는 것은 대체로 특정의 정치세력이 특정의 정치적 목적을 위하여 민족주의의 한 측면을 왜곡하거나 과도하게 부각시키려 하기 때문이다.

배타적 민족주의는 민족주의 왜곡의 대표적인 사례로 히틀러의 게르만족 우월주의, 일본 극우 민족주의(군국주의) 등이 있다. 또 이스라엘이 아랍민족과의 공존을 거부하며 팔레스타인에 대한 침략을 정당화하는 시오니즘(유대주의)같은 국수주의 역시 이에 해당한다. 배타적 민족주의는 민족주의 본성과 하등의 인연이 없는 주의로 자기 민족의 우월성을 내세워 다른 민족을 배타하거나 침략을 정당화하기 위한 정치적 이데올로기이다. 닫힌 민족주의, 종족적 민족주의 등 역시 비슷한 유형이다.

이런 주장은 한 민족이 타 민족과 구별되는 점을 과도하게 왜곡하여 민족 간의 배타와 차별을 민족주의의 본성인 것처럼 부각시켜 특정의 정치적 목적에 이용하는 것이다. 민족의 우수성을 내세우는 것과 우월성을 앞세워 다른 민족을 배타하거나 지배하려 드는 것은 전혀 다른 성질이다.

그럼에도 뉴라이트나 일부 진보적 연구자들은 이를 근거로 민족주의는 전체주의와 파시즘을 낳기에 폐기되어야 한다고 주장한다. 민족주의는 민족 공동의 이익을 중심에 놓는다. 배타적 민족주의는 소수의 지배세력이 자신들의 정치적 목적 달성을 위해 침략과 억압을 정당화하는 정치이데올로기일 뿐이다. 이는 민족 공동의 이익이 될 수 없기에 진정한 민족주의라고 할 수 없다. 이 주장은 민족주의로 분장한 사이비 민족주의, 민족배타주의라는 정치이데올로기인 것이다.

또 일부 연구자들은 배타적 민족주의도 민족주의이고 이를 반대하는 주장도 민족주의라고 하여 민족주의는 고유의 논리와 구조를 갖춘 이념이 아닌 불구의 이념인 것처럼 주장하기도 한다. 이렇게 본다면 민족주의는 감정과 정서만 있는 허구의 이데올로기가 된다. 민족주의를 허구의 이데올로기로 바라보게 되면 그 뿌리가 되는 민족은 실체가 없는 그야말로 '상상의 공동체'가 되는 것이다. 민족주의에 대해 여러 성격을 갖다 붙이는 것이 아니라 민족주의 자체의 본성과 구조를 깊이 있고 바르게 이해해할 이유가 여기에 있다.

진보적 연구자들이 주장하는 저항적 민족주의 역시 제한적이다. 외세가 우리 민족을 침략할 때 이에 저항하여 민족을 수호하는 의지는 민족주의 본성이다. 그런 의미에서 저항적 민족주의는 한 측면에서 옳다. 그러나 저항이 승리하여 민족을 수호한 이후 민족주의는 어디로 갈 것인가에 대해 답을 내놓지는 못한다.

일부 연구자들은 저항적 민족주의의 이런 제한성을 근거로 민족주의가 식민지배에 맞서 싸워 민족국가를 쟁취한 후에는 "진보와 해방의 수단이 아니라 새로운 억압과 모순의 진원지가 된다"(정수일, 위의 책, 55쪽)고 하여 민족독립국가가 세워진 다음에는 폐기되어야 한다는 주장을 한다.

이런 주장은 민족주의를 기능적으로만 바라본 것이다. 민족주의는 저항이 필요할 때에만 나타나는 도구가 아니라 오랜 기간 민족의 삶 속에서 형성되고 발전되어온 가장 오래된 인류의 정신이기에 임의로 사용되거나 폐기될 수 있는 성질이 아니다.

또한 우리가 일본제국주의의 지배에서 벗어나긴 하였지만 지금도 여전히 미국을 중심으로 한 외세의 개입과 간섭은 계속되고 있다. 여전히 군사 작전권은 미국의 손에 있고 미일 자본을 중심으로 한 외국자본은 우리 경제를 강력히 규제하고 있다, 눈에 보이는 정치적 지배가 없어졌다고 해서 외세의 영향력이 없어진 것이 아니기에 민족수호를 본성으로 하는 민족주의는 민족주권을 지키는 원동력으로 지금도 발휘되고 있는 것이다.

현시대는 각각의 민족에게 여전히 중요한 시대적, 역사적 과제를 부과하고 있다. 어떤 민족에게는 민족독립을 쟁취한 이후 건설한 민족국가를 지켜내는 것이 최상의 목표가 될 수 있고 또 어느 민족에게는 민족 성원들을 잘 먹고 잘 살게 하기 위한 민족경제 건설이 최대의 과제가 될 수 있는 것이다. 민족주의는 민족수호라는 요구만이 아니라 민족의 단합과 발전 추구와는 요구와 지향도 담고 있는 정신인 것이다.

이렇듯 민족주의는 매 시대마다 민족에게 부과된 과제를 민족의 총의를 모아 실현시키는 중심적 이념이다.

그러므로 민족주의는 배타성, 침략성, 억압성을 본성으로 하지 않는다. 민족주의는 민족을 수호하는 자주성과 독립성, 그리고 민족의 단결과 발전을 추구하는 진보성을 그 본질로 하는 이념이다. 매개 민족이 자신의 주권을 지키면서 상호 호혜와 이해의 평화로운 환경에서 자기 민족의 발전을 추구하는 것은 인류의 보편적 염원이자 진보적 발전의 길이다.

그렇기 때문에 민족주의는 여러 유형으로 분류될 수 있는 것이 아니다. 특정의 성격이나 주체를 부각하는 민족주의 유형론은 결국 민족주의를 그 본성에 맞지 않게 왜곡하거나 특정의 정치적 의도에 따르는 것으로 민족주의에 대한 바른 설명이 될 수 없다.

4. 사회적 불평등과 민족문제

1) 비정규직, 민영화 그리고 쌀 시장개방

2014년 한국사회 불평등에 관한 국회 국정감사 보고서의 내용은 충격적이다. 상위 1%가 총 배당소득의 72.14%, 상위 10%가 93.48%를, 이자소득은 상위 1%가 44.75%, 상위 10%가 90.65%를 차지하였다는 것이다.(《오마이뉴스》, 2014.10.24.) 한국사회는 이제 완전히 10대90의 사회라는 기형적인 불평등의 사회가 된 것이다.

사회적 불평등의 심화는 노사대립, 정부와 민중 간의 대립이라는 계급계층문제를 중심으로 바라보게 하고 민족문제를 부차시하거나 심지어 폐기할 것을 주장하게 하는 사회적 환경을 제공하고 있다. 일부 진보진영에서는 민족주의를 통일문제에 한정해서 바라보거나 더 나아가 계급계층 간 모순을 덮어버리기에 폐기되어야 한다고 주장한다. 민족주의가 계급모순을 은폐한다는 주장은 한국사회의 자본주의가 심화되어 노사 간의 계급모순이 중심적 사안이 되었지만 민족주의는 이를 덮고 민족 단결을 주장하여 계급적 차별을 은폐할 수 있기에 잘못되었다는 것이다.

실제로 민족과 계급을 대립시키고 민족이 아닌 계급 우선을 내세우는 이런 견해는 노동운동 내에 상당히 자리 잡고 있다. 이런 견해는 단위사업장 내의 임금인상이나 노동조건 개선투쟁과 같은 경제투쟁 영역에서는 타당하다. 그러나 현재 한국사회에서 정부의 정책과 직접 연계되어 노동자의 이해에 가장 큰 타격을 주고, 사회적 불평등을 심화시키는 비정규직 문제나 민영화 문제 등 거시적 영역에서 살펴보면 민족과 계급은 대립되지 않고 오히려 계급문제는 민족문제와 결합되어 나타난다.

한국사회에 비정규직이 폭발적으로 증가하게 된 직접적 계기는 IMF사태이다. 미국자본 중심의 외국자본의 이해를 대변하는 IMF(국제통화기금)는 한국의 외환위기를 기회로 '노동시장 유연화'를 핵심으로 한 이른바 신자유주의적 구조개혁을 강제하였고 그 결과 한국은 세계 최고 수준의 비정규직 양산국이 되었다. 오늘날 강제된 비정규직 정책은 전 노동인구의 50% 가까이가 비정규직, 알바라는 기막힌 현실을 만들어 사업장 내 노동자의 단결을 가로막고 이중삼중의 하청 재하청의 착취 고리로 노동자와 영세사업자를 쥐어짜는 사회구조를 만들어 버렸다.

IMF가 누구인가. 미국을 중심으로 한 이른바 외국자본의 대리인이다. 미국은 핵을 앞세운 군사력으로 세계 각 국을 정치적으로 종속시키고 IMF, IBRD(국제부흥개발은행)를 앞세워 경제적으로 종속시켰다. IMF는 노동시장 유연화와 3대 시장자유화(무역자유화, 금융자유화, 환율자유화) 조치를 핵심으로 해외자본(주로 미국자본)으로 하여금 한국 재벌과 금융권을 장악하고 민족과 국경의 경계를 없애 노동자를 쥐어짠 초과이윤을 마음대로 자기 본국으로 송금할 수 있게 만들어 놓았다. 이미 제조업을 대표하는 삼성전자의 지분 51%, 금융을 대표하는 국민은행의 지분 65% 이상이 외국자본이다.

철도민영화, 의료민영화 또한 마찬가지다. 민영화의 본질은 사기업 영역에서 배가 덜 찬 외국자본이 공공영역까지 손을 뻗쳐 차지하려는 것이다. 여기에 자신들의 이해를 채우려는 몇몇 대기업과 정치인들은 민영화가 글로벌스탠다드라거나 국가 경쟁력을 높이는 정책이라는 사탕발림으로 편승하고 있는 것이다. 초국적 기업 맥쿼리가 이명박 일족 등과 손을 잡고 지하철 9호선, 민자 도로 사업에 특혜를 받아 막대한 부를 챙기고 나아가서는 인천공항 민영화를 통해 자신들의 잇속만 챙기려하는 것은 일부 사례일 뿐이다.

민영화가 된다면 우선적으로 가장 큰 타격을 보는 계급계층은 해당 노동자다. 적자부문 폐기와 이윤 확보의 논리 앞에 공공성의 영역은 갈수록 축소될 것이고 노동자들은 인원 감축과 비정규직화, 임금삭감이라는 기막힌 현실을 맞게 될 것이다. 이는 이미 한국통신(KT) 민영화나 선진국이라는 영국의 철도민영화에서 확인되고 있다. 그리고 여타의 노동자, 농민, 중소사업자, 일반 서민층 역시 철도요금 인상, 의료비 인상, 적자노선 폐기, 유지보수 소홀, 의료 진료의 양극화 등 민영화로 심각한 피해를 입게 될 것이다.

이렇듯 외세와 그에 결탁한 일부 국내자본의 이익을 위해 노동자는 물론 전 국민적 희생을 부르는 것이 공공부문 민영화 조치다. 계급문제는 이렇게 민족문제와 결합한다. 2013년 말 철도민영화 반대투쟁 때 온 국민이 보여준 지지와 관심, 참여는 철도민영화가 결코 노동자만의 문제가 아님을 증명한다. 이미 우리 국민은 이 문제가 전 국민적, 민족적 사안임을 피부로 느끼고 있는 것이다.

그러나 민영화 시행 주체가 정부이기에 외국자본은 잘 보이지 않는다. 외국자본은 자국 정부(미국 정부)와 국제기구(IMF, WTO) 등을 앞세워 자신들의 요구를 우리 정부에 들이밀고 국내 대자본도 여기에 편승한다. 겉으로 드러난 이런 모습만 보고 민족주의 폐기론자들은 이를 국가를 축으로 하는 총자본과 총노동의 대립이라는 식으로 설명하려 한다. 그러나 외국자본(초국적자본)은 민영화를 추진하는 국가의 한 축이 아닌 외세이다. 또한 비정규직, 민영화의 폐해는 단지 노동자만이 아니라 다른 계급, 계층에게도 심각한 영향을 미친다. 이런 점을 생각할 때 민영화 문제는 외세(외국자본) 대 우리 민족 간의 대립 또는 외국자본과 그에 결탁한 국내 대자본 대 대다수 우리 국민 간의 대립이라고 보는 것이 맞다.

따라서 사회적 불평등 심화의 근원에는 외국자본(외세)의 탐욕적 이해가 도사리고 있는 것이다. 한국의 금융과 주요 제조업, 기간통신사업, 토목건설업 등의 배후에는 외국자본의 강력한 이해가 깔려있다. 하다못해 학원 같은 중소업종도 외국자본이 들어와 있다. 저축은행이라는 이름의 사채업(고리대금업)은 이미 일본자본이 장악하고 있다. 외환은행 먹튀논란을 일으켰던 론스타는 미국계 사모펀드이다. 한국의 자본가들은 이들의 탐욕을 채워주고 또 자신의 배도 불려야 하니 노동자를 더 쥐어짤 수밖에 없는 것이다. 저임금과 장시간 노동, 비싼 주택가격, 고리의 사채 빚, 양극화는 더 심화될 수밖에 없다. 이렇듯 계급문제와 민족문제는 결합되어 있다.

알다시피 쌀 개방 문제는 농민만의 문제가 아닌 전 국민적(민족적) 문제이다. 이는 WTO와 자국 정부를 앞세운 세계 곡물메이저의 강력한 요구에 굴복한 정부가 우리 농업을 지켜야 한다는 민족적 요구를 저버린 것이다. 당장은 513%라는 높은 관세율로 국내 농업에 별 영향을 미치지 않을 것처럼 주장하나 머지않아 외세의 압력에 반드시 관세를 낮춰 국내 쌀 농업을 파탄낼 것이다. 식량문제는 이미 국제 정치적 주요 사안이다. 만성적 식량부족에 시달리는 아프리카의 많은 나라들이 보여주듯이 식량수급을 위해 카길 같은 외국 곡물자본에게 비싼 값에 곡물을 들여오거나 그 대가로 나라의 주요 자원이나 인프라를 팔아넘기는 사례는 허다하다. 나라의 주권을 제대로 지킬 수 없는 것이다.

쌀 개방은 초기에는 점차 관세를 내려 싼 값의 쌀을 들여오게 하여 국내 쌀 농업을 파탄시키고 저곡가 정책의 기초가 되어 노동자의 임금인상을 억제하는 이른바 저임금 정책의 기반이 된다. 그리고 중장기적으로 한국 농업과 농민을 파탄시키게 되면 외세(외국자본)는 쌀 가격을 올려 정부에 압박을 가하고 정부는 어쩔 수 없이 막대한 국민세금으로 사오거나 다른 이권을 외국자본에 넘기지 않을 수 없게 되는 것이다. 이미 25%에 불과한 식량 자급률에서 그나마 자급률이 높았던 쌀마저 파탄이 나게 되면 농민은 물론 노동자, 도시빈민, 중소 상공인까지도 비정규직, 민영화로 시달릴 뿐 아니라 비싼 먹거리로 더욱 고통 받게 될 것이다.

노동자가 민족의식에 눈을 뜨고 다른 계급계층과의 연대에 앞장서야 할 이유가 여기에 있다. 단위사업장에서 임금인상이나 노동조건 개선은 중요하다. 그러나 그것만으로 노동자가 자신의 잃었던 권리를 되찾고 나라와 사회의 주인이 되는 것은 아니다. 특히 우리처럼 외세의 영향이 절대적인 나라에서 계급문제의 해결은 이처럼 민족문제의 해결과 결합되어 있다.

2) 노동자·농민은 민족 주권회복의 주인

일부 학자나 노동운동가들은 쌀 개방 문제는 민족문제로 인정하면서도 비정규직이나 민영화 문제는 계급문제로 바라보는 경향이 있다. 이는 비정규직이나 민영화 문제가 쌀 개방처럼 전국적 동일 사안으로 제기되는 것이 아니라 단위사업장 별로 약간씩 다르게 나타나는 현상 때문으로 일종의 착시현상이다.

현대자동차와 현대중공업 비정규직의 처우가 다르고 교섭과 투쟁이 사업장 별로 진행되다 보니 이 문제가 계급문제로만 보이는 것이다. 또한 KT가 민영화된 이후 200명 이상이 사망하고 2014년 또 다시 8천명 이상을 명예퇴직시켜 비정규직화하는 잔인한 구조조정이 시행중임에도 KT 노동자들만의 문제인 것처럼 비쳐지는 것이다. '민영화의 미래를 보고 싶으면 KT를 보라'는 말처럼 이 문제는 개별 기업 노동자들만의 문제가 아니라 공공부문 모든 노동계급의 문제이며 나아가 이로 인해 피해를 입게 될 전 국민의 문제인 것이다.

은수미 새정치민주연합 의원이 2012년 발표한 KT관련 국회보고서에 따르면 49%의 지분을 장악한 외국자본의 영향력이 강화되어 '고배당 경영을 통한 반인권적 노동탄압'과 '통신비 상승에 따른 소비자 이익 침해'가 벌어졌다고 밝히고 있다.(《미디어스》, 2012.9.27)

이렇듯 민영화와 비정규직 정책은 외세(외국자본)의 이해가 결정적이다. IMF 이후 보편화된 이른바 주주자본주의의 본질은 외국자본의 직접투자에 의한 한국경제의 직접 지배를 보장하는 제도인 것이다. 이들에게 막대한 초과이윤을 보장하기 위해 노동자를 쥐어짜고 노노간의 갈등과 경쟁을 부추겨 노동자의 단결을 가로막는 제도가 비정규직이요, 사기업만이 아닌 공공부문에서도 이들의 초과이윤을 실현시키려는 정책이 민영화인 것이다.

사안의 본질이 이러함에도 계급만을 강조하게 되면 크게 두 가지 문제가 발생하게 된다. 하나는 비정규직이나 민영화 문제를 노동자만의 문제로, 쌀 시장개방을 농민만의 문제로 바라보게 된다. 나아가 비정규직 문제는 정규직이 아닌 비정규직 노동자만의 문제로 바라보게 되는 것이다. 또 노동자로서 정리해고된 이후 영세 자영업자가 된 소상공인의 몰락 역시 그들만의 문제로 받아들이게 되는 것이다.

다른 하나는 노동자들의 직접적인 경제적 이익을 위주로 사업을 전개하게 되어 주로 현장 단위 투쟁에 머무르게 된다. 아직도 현장에서 정규직, 비정규직 간의 이해와 조건의 차이를 제대로 극복하지 못하고 있는 곳이 상당수이다. 이렇게 되면 양대 노총의 역사가 증명하듯이 노동계급 전체의 단결은 요원한 과제가 되는 것이다.

이제는 외국자본의 이해에 근거한 정부의 주요 경제정책, 노동정책을 노사간, 노정간의 문제로만 바라보는 착시에서 벗어나야 한다. 이미 외국자본은 한국의 주요 제조업, 기간산업, 금융부문 등에 지배적 주주가 되어 자신의 이해를 때론 직접적으로, 때론 정부정책을 통해 관철하고 있다. 따라서 민영화, 쌀 시장개방 문제를 계급적 문제가 아닌 민족적 주권(통신주권, 철도주권, 의료주권 나아가 식량주권) 침해 문제로 옳게 인식하는 것이 무엇보다 중요한 것이다. 미국을 비롯하여 세계 어느 나라도 나라의 공공, 기간, 금융부문에 외국자본의 투자를 한국처럼 허용한 나라는 없다.

이처럼 계급적 의식이 민족적 의식과 바로 결합할 때 문제의 근원을 바르게 이해할 수 있고 계급간의 힘 있는 단결이 가능해진다. 외국자본을 규제하고 외세의 간섭과 지배를 저지하는 것이 민영화와 쌀 개방을 막고, 비정규직 정책을 바꾸는 근본 방향이다.

이렇듯 한국사회에서 민족문제는 통일문제에 한정된 것이 아니라 정치, 경제, 군사, 문화 등 전 영역에 걸쳐 계급적 문제와 결합하거나 혹은 독자적으로 항시 제기되는 중심적 사안인 것이다. 특히 노동자는 외세(외국자본)로 인한 피해를 가장 많이 받고 압도적 다수를 이루는 만큼 민족적 의식을 바로 세워 전 노동자의 단결은 물론 농민, 청년학생, 중소상공인들과의 단결을 도모하는데 앞장서야 한다.

민족주의는 분단을 해체하고 통일을 이뤄나가는 정신으로서만이 아니라 노동자 농민 서민의 생존과 생활을 보장하고 외세로부터 나라의 주권을 지키는 기본 정신인 것이다.

5. 통일, 우리 시대 최고의 민족문제

1) 통일은 우리 민족 '잘 먹고 잘 살기'

2014년 10월 《동아일보》 통일관련 여론조사는 현 시기 우리 국민이 바라는 통일이 무엇인지를 어느 정도 보여준다는 점에서 주목할 만하다.

먼저 여전히 통일의 지향과 바람이 압도적으로 높다는 점이다. 우리 국민은 "조속한 통일", "점진적 통일" 다 합쳐서 86.7%가 통일을 해야 한다고 응답하였다. 분단이 70년이나 지속되어 분단세대들이 자라나 대를 잇는 현실에서 뉴라이트 등이 통일에 반대하는 입장을 공공연히 내세우고 있음에도 우리 국민의 통일 열망은 변함없이 높았다.

또 하나는 통일이 필요한 이유에 대해서 '원래 한민족이었기 때문'이라는 민족적 의식에 의거한 응답(33.2%)과 '경제성장이 촉진

될 수 있기 때문'(23.0%)이라는 응답이 전체의 55% 이상을 차지했다는 점이다. 이는 우리 국민이 통일은 민족적 동질성 회복만이 아니라 민족과 자신의 삶을 더 낫게 할 수 있을 것이라는 기대를 간직하고 있음을 보여주는 것이다.

특히 '경제성장을 촉진'한다는 통일에 대한 견해는 과거 '과도한 통일 비용'에 대한 우려로 통일을 반대하거나 먼 미래의 일로 치부하던 견해가 높았던 것과 비교해 보면 여론이 대단히 긍정적 방향으로 바뀌었음을 알 수 있다. 과거 역대 정권은 독일 통일에서 서독이 부담한 비용부담 사례를 들어 남한 주민의 과도한 통일비용 부담 문제를 홍보하였고, 이는 가뜩이나 어려운 우리 국민들에게 통일에 대한 부정적 인식을 확산시키는 요인이 되었다.

여론이 이렇게 바뀌게 된 계기는 무엇이었을까.

하나는 10년간의 남북교류협력의 경험이다. 6·15선언 이후 본격화된 남북 간의 교류협력은 다방면에 걸쳐 광범위하게 전개되었다. 금강산 관광과 개성공단 사업을 비롯해 양대노총, 전농 등의 남북 노동자, 농민 자주교류사업, 민주노동당과 사회민주당간의 정당교류사업, 역사학계 등 학술문화교류사업, 언론교류사업 등 전방위적 화해협력사업은 수십 년간의 북에 대한 적대감을 완화하고 남북 간의 민족적 이해를 높이는 중요한 계기가 되었다.

특히 개성공단은 남북의 체제가 다른 조건아래서도 남북이 뜻과 의지를 모으면 얼마든지 성공적인 경제협력을 할 수 있음을 보여준 결정적 사례이다. 모든 남북교류협력을 중단시켰던 이명박 정권조차도 개성공단 만큼은 중단시키지 못하였다. 박근혜 정권 들어서도 한미합동군사훈련이 문제가 되어 개성공단 가동이 중단되는 위기도 있었으나 다시 재개된 것은 남북 협력의 상징인 개성공단 폐쇄만큼은 막아야 한다는 민족적 공감대가 있었기 때문이다.

또 하나는 한국경제의 활로가 북한과 협력을 통한 대륙으로의 진출에 있다는 것이 대중적으로 확산되었다는 점이다. 수출 위주의 경제정책이 한계에 이르고 경기 침체가 가중되는 한국경제가 살아날 길은 대륙의 관문인 북한과 손을 잡고 공동의 이익이 되는 사업을 펼칠 때 가능하다는 것을 수많은 언론과 전문가들이 제기하였다.

이미 진행하고 있는 함경도 나선지구에서의 북, 러시아와 공동사업 참여를 비롯하여 대륙을 잇는 한반도 종단 철도와 가스관 건설, 북한이 공표한 각 지역의 경제개발구, 경제특구 사업에의 참여 등은 침체된 한국경제 발전은 물론 북과의 공동 경제번영을 이룰 수 있는 중요한 계기들이다.

또한 북한에 매장되어 있는 것으로 보도된 막대한 석유와 희토류, 마그네사이트, 우라늄 등은 남한과의 경제협력을 통한 민족경제 발전의 중요한 자산이 될 것이다.

이렇듯 우리 국민이 바라는 통일은 한 민족으로서 같이 살면서 서로 잘 먹고 잘 살 수 있는 통일이다. 또 그래야 한다는 기대와 염원의 통일이다. 같이 살면서 서로 부담이 되고 어렵게 살게 된다면 누가 그러한 통일을 바라겠는가. 통일은 수치스럽게 외세에 의해 두 동강난 우리 민족의 자존을 되찾고 민족의 지혜와 힘을 군사대결이 아닌 사회경제발전에 쏟아 민족성원 모두의 삶을 더욱 풍요롭게 만드는 활로가 되어야 할 것이다.

항시 제기되어 왔듯이 통일과정에서 많은 사람들이 우려하는 것은 다른 체제, 다른 환경에서 오랫동안 살아온 남북 간의 이념적 차이, 문화적 이질성을 어떻게 극복할 것인가 하는 문제이다. 특히 진보와 보수, 좌우로 나뉘어 있는 남한에서는 어떻게 국민적 총의를 모아 통일로 나아갈 것인가 또한 중요한 문제이다.

남북 간의 이러한 차이, 남한 내의 다양한 입장을 하나로 묶을 수 있는 유일한 공통분모는 같은 민족이라는 점이고 자기 민족을 사랑하고 잘 되도록 해야 한다는 민족주의 이외에는 없다.

2) 우리 시대 통일이념 '우리민족끼리'

남북은 통일에 대한 이 같은 민족적 요구를 받들어 통일이념을 합의하여 천명한 바 있다. 바로 '우리민족끼리'이다.

'우리민족끼리'는 6·15공동선언(2000년)에서 처음으로 천명되었다. 6·15공동선언 제1항은 "남과 북은 나라의 통일문제를 그 주인인 우리민족끼리 서로 힘을 합쳐 자주적으로 해결해 나가기로 하였다"고 선언하였다. 이는 7·4공동성명(1972년)에서 천명한 '자주, 평화, 민족대단결'의 조국통일 3대원칙을 '우리민족끼리'라는 표현으로 집약해 통일이념으로 제시한 것이다.

일부 보수진영과 뉴라이트 등에서는 '우리민족끼리'란 용어를 북한에서 먼저 사용했다고 하여 거부감을 보이고 있으나 누가 먼저 사용한 것이 중요한 게 아니라 남한도 받아들여 합의한 것이라면 남북 모두 같이 사용할 수 있는 것이다.

'우리민족끼리'는 2차 남북정상회담의 공동선언인 10·4선언(2007년)에서 보다 분명히 천명되었다. 10·4선언에서는 그 1항에 "남과 북은 우리민족끼리 정신에 따라 통일문제를 자주적으로 해결해 나가며 민족의 존엄과 이익을 중시하고 모든 것을 이에 지향시켜 나가기로 하였다"고 선언하여 우리민족끼리가 우리 민족의 통일이념임을 분명히 하였다.

그럼 '우리민족끼리' 정신이란 무엇인가.

첫째는 외세의 개입과 간섭을 배제한 자주적 통일을 하자는 것이다.

최근 100년사에 우리 민족의 운명에 결정적 영향을 미친 세력은 항상 외세였다. 초기 중국에 이어 일본, 미국으로 이어진 외세의 영향은 우리 민족 내부에 외세에 의존하여 살지 않으면 안 된다는 사대주의 정신과 '엽전은 안 된다'는 민족비하의식을 만연시켰다. 뉴라이트의 식민지 근대화론이나 세계주의 주장도 이런 사대주의의 변종이다. 이런 정신은 종종 '통일은 외세의 지원과 합의에 의하여야 한다'는 식으로 표현되고 있다.

우리민족끼리는 이런 외세의 간섭을 배제하고 민족 내부의 외세의존사상을 버리자는 것이다. 우리 민족의 운명은 그 누구의 간섭을 받음이 없이 우리 민족 스스로 결정해야 한다. 남북이 자주적으로 통일을 이루자는 것이 우리민족끼리의 제일의 정신이다.

둘째는 남북 모두의 공존·공리·공영의 발전을 추구한다는 것이다.

통일은 어느 한쪽의 이익과 다른 한편의 손해로 귀결되어서는 안 된다. 이런 통일은 필연코 민족 내부의 불화를 낳을 것이다. 흡수통일이 안 되는 이유가 여기에 있다.

우리 국민이 바라는 바대로 통일이 민족 경제발전의 계기가 되려면 통일 이전이나 이후나 남북의 공동 이익, 공동번영을 실현할 방안에 모든 힘을 기울여야 한다. 개성공단, 금강산 관광은 그 시금석이다. 남북을 연결하는 한반도 종단철도를 연결하고 북의 지하자원과 남의 식량 증산을 교류하고, 공동의 경제협력사업을 펼쳐나가는 과정은 남북이 통일로 나아가는 지렛대가 될 것이다. 10·4선언은 남북 공존·공리·공영의 청사진이다.

셋째는 민족의 위상을 높이는 방향으로 공동사업을 펼치는 것이다. 마지막 분단국인 한반도의 통일은 세계 평화와 안정에 기여할 것이다. 특히 다른 체제에 살면서도 통일을 이뤄내는 것은 우리 민족의 높은 지혜와 힘을 세계에 알리는 뜻 깊은 일이 될 것이다. 또한 통일은 세계 강대국의 각축장이 된 동북아의 항구적 안정과 평화를 이룩하는 데 결정적으로 기여하게 될 것이다.

제6장　통일의 원칙과 방향

"7·4남북공동성명은 그간의 외세의존적이고 상호대결 일변도가 아닌 '자주·평화·민족대단결'이라는 우리 민족 공동의 요구를 중심으로 하는 통일의 3대원칙을 제시했다는 점에서 통일의 역사에서 큰 전환점을 이루었다. 3대원칙은 통일을 이루어가는 과정은 물론이고 통일 이후에도 온 겨레가 힘을 합쳐 통일국가를 지속적으로 발전시켜 가기 위해서 일관되게 지켜야 할 원칙이다."

한반도가 분단된 지 70년이 되었지만 통일은 여전히 우리들 속에 깊이 내재된 지향이고 요구다. 태어나면서부터 분단체제로부터의 직간접적 고통과 희생을 감내해야 하는 분단국가의 국민들로서 당연하고 필연적인 것이다.

70년이라는 긴 세월과 신자유주의 시장만능주의 아래서 우리 국민들 속에 통일에 대한 회의감이 확대되고 있는 면도 없지 않다. 그러나 통일운동에 대한 온갖 탄압 속에서도 반세기 이상 '우리의 소원은 통일'을 애창하고 있다. 또한 이른바 '종북몰이'가 판을 친 2014년에도 모 언론사 여론조사 결과 국민의 2/3가 '통일은 꼭 된다'고 이야기하고 있을 만큼 통일을 이룰 힘이 우리들 속에 존재하고 있다.

이러한 잠재된 힘을 어떻게 실천적인 힘으로 전환시킬 수 있을까가 문제이다. 사람은 막연한 희망만으로 움직이지는 않는다. 그 희망이 실현가능하고 구체적인 길이 보일 때 움직이게 된다. 통일의 경우에도 합리적이고 과학적인 원칙, 행로가 제시될 때 실현가능성에 대한 믿음도 높아지고 대중의 실천력도 커질 것이다. 그 첫 출발점은 '과연 통일은 무엇인가'에 대한 이해와 함께 초지일관 밀고나가야 할 통일의 원칙을 옳게 세우는 것이어야 한다.

1. 우리에게 통일은 무엇일까

　통일하면 떠오르는 것이 뭐냐고 물으면 '전쟁공포가 없어진 나라', '남북경제공동체로 잘 사는 나라', '강대국에게 휘둘리지 않는 나라', '민족동질성이 회복된 문화 강국' 등 다양한 대답들이 쏟아진다. 각자 방점은 다르지만 이 얘기들을 하나로 모아보면 '현재의 정전체제를 해소하고 민족문화를 꽃피우며 대대손손 평화롭게 잘 사는 것'으로 요약된다. 그렇다. 이것이 우리 국민이 바라는 통일국가의 상이다. 어쩌면 이는 우리만이 아니라 어느 나라, 어느 민족 할 것 없는 인류사회의 보편적이고 상식적인 희망이자 요구라고 할 수 있다.

　이 보편적이고 상식적인 희망을 가로막는 것이 분단체제다. 이미 앞서 살펴보았듯이 분단체제의 근본원인은 바로 자국의 이익실현을 위해 끊임없이 간섭하고 개입하며 한반도 통일을 방해해오고 있는 외세다.

따라서 우리에게 통일이란 국제적으로는 자주적 결정권을 강화하고, 민족 내부적으로는 통합성을 회복하는 것이다. 통일이 왜 민족의 자주적 결정권의 회복인가? 자주적 결정권의 회복이란 복잡한 이해관계가 얽혀있는 국제사회에서 다른 나라에 의해 무시당하거나 권리를 침해당하지 않고 모든 문제를 겨레의 요구와 이해관계를 중심으로 결정할 수 있는 권리를 확보하는 것을 의미한다. 분단은 민족통일국가를 건설하고자 했던 우리 민족의 요구가 묵살되면서 외세의 이해관계에 따라 벌어진 일로써 70년 동안이나 지속되어왔다. 따라서 분단체제는 우리 민족의 자주적 결정권의 훼손을 의미하고, 분단체제의 종결인 통일은 그 회복을 의미할 수밖에 없다.

현실을 살펴보아도 분단으로 인해 우리의 자주적 결정권이 얼마나 훼손되어 있는가를 충분히 알 수 있다. 대선 때가 되면 '이번에 미국이 누굴 밀어줄까?'라는 말이 종종 회자되고, 어렵사리 타진되던 남북대화 시도가 미국의 간섭으로 번번이 불발된다.

우리는 65년 동안이나 군사주권의 상징과도 같은 전시작전지휘권도 돌려받지 못한 채 해마다 한미합동군사훈련과 함께 찾아오는 전쟁위기를 감내해야 한다. 꽃 같은 여중생들이 미군장갑차에 깔려죽거나 인면수심의 미군에게 한국 여성이 잔인한 성폭행이나 살해를 당해도 미군범죄자 한 명 제대로 처벌하지 못한다. 미국의 강압에 밀려 광우병 쇠고기까지 수입해서 먹어야 하는 부끄러운 현실이 펼쳐지고, 노동자야 죽든 말든 신자유주의 먹튀자본이 판을 쳐도 막지 못한다.

우리의 삶과 생명과 직결된 수많은 문제들이 우리의 의사와 무관하게 또는 무시된 채 미국과 같은 외세의 입김에 따라 처리되는 것을 수없이 목도해왔다. 이런 상황을 경험하면서도 자존감 상실을 느끼지 않는 국민이 얼마나 될 것이며, 우리에게 제대로 된 자주적 결정권이 있다고 확신하는 사람이 과연 얼마나 될까? 왜 이런 일들이 반복되는 걸까? 이런 일들이 벌어질 때마다 이른바 '분단이라는 특수한 상황 때문에 불가피하다'는 얘기가 반복적으로 등장한다. 이처럼 분단은 우리 사회의 모든 영역에서 외세의 이익이 관철되는 지렛대로 작용해왔다. 따라서 통일은 바로 이 지렛대를 없애버리고 우리 민족의 의사와 요구를 실현할 수 있는 권리 회복의 가장 빠른 지름길이 된다.

일각에서는 1945년 해방과 함께 독립국가가 되었는데 우리의 자주적 결정권이 불완전하다는 것은 말도 안 된다고 주장하기도 한다. 그러나 이는 분단의 배경과 원인을 비롯한 역사적 진실을 직시하지 않는 결과이며, 분단 이후 모든 영역에서 지속적으로 전개되어 온 미·소·일·중 등 외세의 직간접적 간섭과 개입 사실들을 애써 외면하는 처사에 다름 아니다. 만일 이 주장대로라면 왜 남미나 아랍 등 세계의 많은 형식적 독립국가에서 제국주의 국가의 정치·경제·군사적 간섭과 침략에 맞선 다양한 요구를 내세운 민중항쟁들이 연일 벌어지겠는가. 이는 바로 외세로부터 해당 국가나 민족의 온전한 자주적 결정권을 되찾고 지키기 위해서이다.

우리에게는 통일이야말로 온전히 자주적 결정권을 회복하는 가장 확실하고 강력한 길이다.

또한 통일은 민족의 통합성(대단결)을 회복하는 것이다.

민족의 자주적 결정권의 회복과 지속적인 평화번영은 민족대단결과 함께 실현되고 발전될 수밖에 없다. 논리적으로만 보면 민족대단결의 실현 자체가 곧 통일이자 번영발전의 과정이 된다. 통일은 남이나 북 어느 한쪽의 의지만으로, 또는 남북 당국자들 간의 합의만으로는 실현되지 않는다. 통일의 주체는 온 겨레이고 통일의 추진력도 여기에서 나온다.

따라서 민족대단결의 폭과 깊이에 정비례해서 통일과 번영발전은 진전될 수밖에 없다. 우리 민족은 반만년이 넘도록 함께 살아오며 형성된 혈연, 언어, 역사, 문화 등 세계 어느 민족보다 강한 민족동질성을 확보하고 있다. 그와 같은 민족의 동질성을 회복하고 70년 동안 쌓인 대립, 갈등의 부산물들을 청산해가는 온 겨레의 화해와 단합을 실현할 수 있다면 그것이 곧 통일이다.

우리 민족의 자주적 결정권을 회복하는 것과 민족적 대단결을 실현하는 것은 수레의 두 바퀴처럼 서로 영향을 주고받으며 병행 발전된다. 지금까지처럼 외세의 영향력이 강력하게 작용하는 상태가 지속되는 조건에서는 70년 동안의 반목과 대립의 골을 결코 줄일 수 없다.

또 민족의 화해와 단합의 기운을 높이지 않는 조건에서 저절로 외세의 영향력이 줄어들고 우리의 자주적 결정권이 강화될 리 만무하다. 남북 모두 정치·군사·경제·사회문화 모든 영역에서 자주적 결정권을 강화하기 위한 노력을 기울이면서 남북대화와 교류의 활성화, 민족 단합과 단결을 높이기 위한 노력을 반드시 함께 경주해야 하는 이유다.

2. 통일은 민족 사이에 풀어야 할 문제

통일을 위해서는 우리 통일문제의 특성을 잘 파악해야 한다. 국제사회가 경험해온 각국의 통일 유형은 특성이 모두 다르고 그에 따라 통일의 방법도 다르다. 우리 통일 역시 세계에서 하나밖에 없는 고유한 특성을 가지고 있다. 그게 무엇일까?

한마디로 우리 통일은 '우리 민족 사이에 풀어야 할 문제'라는 것이다. 왜 그럴까?

우선 우리 민족 분단의 근원이 외세라는 점과 관련되어 있다. 한반도의 분단체제는 20세기 초부터 시작되어 2차 세계대전 전후 세계 패권을 향한 강대국들의 치열한 각축 속에서 그들의 이해관계를 실현하기 위해 우리 민족의 의사와 상관없이 형성된 구조이다. 그리고 70년이 지난 지금까지도 그들의 이해관계는 변하지 않고 있다. 무엇보다도 80년대 말부터 세계적으로 전면화된 신자유주의체제가 일상적 위기국면에 돌입하면서 세계 패권경쟁이 새로운 차원에서 치열하게 전개되는 상황에서 한반도는 또다시 미국과 중국의 이해관계가 걸려 있는 핵심 요충지로 재부상하고 있다. 따라서 외세의 입장에서 한반도 통일은 고려의 대상이 아닐뿐더러 오히려 적극적으로 막아야 할 과제일 수 있다.

다음으로 분단 이후 70년 동안 진정으로 통일을 원하고 바란 것은 우리 겨레뿐이라고 할 수 있다. 이런 조건에서 통일을 '우리 민족 사이에 풀어야 할 문제'로 보지 않는다면 70년 전 분단될 때처럼 우리 민족의 운명을 결정짓는 운전대는 또다시 외세의 손으로 넘어가게 될 것이다. 그야말로 고양이 앞에 생선을 맡기는 꼴과 같다. 통일은 우리 겨레의 요구라는 점, 따라서 '우리 민족 간에 풀어야 할 문제'로 분명히 할 때에만 다른 여러 나라의 이해관계가 상충하는 복잡한 한반도 주변질서 속에서도 다양한 외세의 개입과 압력을 극복하면서 일관되게 우리 겨레의 희망대로 통일을 진전시켜나갈 수 있다.

통일을 우리 민족 간에 풀어야 할 문제라고 하는 이유는 또한 오랜 우리 민족의 역사와도 관련이 있다. 우리가 이루고자 하는 통일은, 역사적으로 따로 살아온 여러 민족이 민족연합국가를 만들자는 것도 아니고 여러 국가가 다양한 정치적 요구에 의해 하나의 새로운 통일국가를 건설하자는 것도 아니다. 그야말로 우리에게 통일은 오랜 세월 숨 쉬듯이 자연스럽게 하나로 살아오다가 외세에 의해 갈라짐을 당한 민족이 다시 본래처럼 하나로 합쳐 정상상태로 돌아가는 것이다.

이는 70년이라는 분단체제 아래서 형성된 차이를 반만년 역사 속에 쌓이고 다져진 민족동질성의 힘으로 극복할 때 가능하다. 이러한 과정 없이 단지 제도나 형식적 통합만으로는 진정한 통일을 이룰 수 없고 민족의 지속적인 번영도 확보하기 어렵다. 최근 벌어지고 있는 예멘 사태가 이를 반증한다. 예멘은 남북의 정치적 합의에 의해 통일을 이뤘으나 이후 내전이 일어나 다시 나라가 갈라졌다. 그런 상황에서 한쪽의 무력으로 재통일을 이루기는 했으나 최근에는 다시 국가붕괴 단계로 나아가고 있다. 이러한 예멘의 사례를 보면서 통일의 근본적 힘인 민족동질성을 회복하지 못한 형식적 통일이 얼마나 위험한 것인지 다시금 확인하게 된다. 우리의 통일은 누구도 대신해줄 수 없고 오로지 우리 민족의 주체적 의지에 의해서만 이룰 수 있는 '우리 민족 간에 풀어야 할 문제'다.

☞ **국제사회 통일의 유형**
- 독일 : 서독 자본주의 체제가 동독 사회주의 체제 흡수하는 방식으로 과다한 통일 비용, 동서독 국민 간의 갈등 심화
- 예멘 : 외부의 개입과 지원을 바탕으로, 남북 예멘 정치지도자들의 합의에 의한 불완전한 통일 후, 내전 발발로 북 예멘에 의한 무력 방식으로 재통일
- 베트남 : 남베트남·미국 대 북베트남·민족해방전선 간의 전쟁에서 북베트남의 승전을 통한 무력통일
- 오스트리아 : 2차대전 패전국의 일원으로 미·영·프·소 4대 강국에 의한 분할점령 후, 민족내부의 합의를 바탕으로 점령국과의 협상을 통해 영세중립국으로 통일정부 구성

3. 합리적이고 실현가능한 통일 원칙은?

오랜 갈등과 대립을 겪다가 양측이 화해하려면 공동의 노력이 필요하며 양측 모두 서로의 입장을 이해하고 포용하면서 화해할 수 있는 최소한의 원칙이 있어야 한다. 양측 모두 이 원칙을 지켜갈 때 마침내 화해에 도달할 수 있다.

남북이 합의한 가장 정당하고 합리적인 통일 원칙을 우리는 이미 가지고 있다. 1972년 7월 4일, 7·4남북공동성명을 통해 천명한 '자주, 평화, 민족대단결'이라는 조국통일 3대원칙이 바로 그것이다.

"아 통일은 오는가, 벅찬 감격"

1972년 7월 4일,《경향신문》 석간의 헤드라인 제목이다. 분단된 지 27년 만에 남북이 최초로 내놓은 남북 간 통일관련 합의인 7·4

남북공동성명이 발표된 것에 대한 당시 사회적 반향이었다. 비록 7·4남북공동성명 발표 몇 달 후 남측의 유신헌법 선포, 북측은 사회주의헌법 개정으로 합의한 후속조치가 중단되었지만 '자주·평화·민족대단결'이라는 조국통일 3대원칙은 43년 동안 남북 간 각종 합의들의 근간으로 되어왔다.

☞ 7·4남북공동성명 요지
1. 조국통일원칙 합의
   첫째. 통일은 외세에 의존하거나 외세의 간섭을 받음이 없이 자주적으로 해결
   둘째, 통일은 서로 상대방을 반대하는 무력행사에 의거하지 않고 평화적 방법으로 실현
   셋째, 사상과 이념·제도의 차이를 초월하여 민족의 대단결을 도모
2. 상대방에 대한 중상비방, 무장도발 중지, 군사적 충돌사건 방지를 위한 적극적 조치
3. 자주적 평화통일을 촉진시키기 위하여 남북 사이에 다방면적인 제반교류 실시
4. 남북적십자회담 성사를 위한 적극 협조
5. 서울과 평양 사이에 상설 직통전화를 설치
6. 이후락 부장과 김영주 부장을 공동위원장으로 하는 남북조절위원회 구성·운영
7. 이 합의사항을 성실히 이행할 것을 온 민족 앞에 엄숙히 약속

1991년 12월에 합의되고 1992년 2월에 발효된 '남북기본합의서'는 "7·4남북공동성명에서 천명된 조국통일 3대원칙을 재확인

하고"로 시작하여 "쌍방 사이의 관계가 나라와 나라 사이의 관계가 아닌 통일을 지향하는 과정에서 잠정적으로 형성되는 특수한 관계"라는 점도 명기하면서 남북화해, 남북불가침, 남북교류협력을 위한 조치들을 합의하였다.

그리고 남북화해와 협력의 시대를 열어놓은 2000년 '6·15공동선언'은 '7·4남북공동성명'에서 제시된 조국통일 3대원칙과 '남북기본합의서'에서 합의한 화해와 협력의 정신을 공동선언 전체를 통해 포괄하고 있다. 또한 2007년 '10·4선언'은 7·4남북공동성명을 포괄하고 있는 '6·15공동선언'의 고수와 구현을 다시 확정하고 '6·15공동선언' 정신으로 촉발된 남북화해와 교류협력 문제를 온 겨레가 어떤 원칙과 방도에 따라 실현해 나갈 것인가 하는 점과 함께 그 과정에서 제기되는 문제들을 어떻게 풀어나갈지에 대한 방안들을 담고 있다.

이처럼 일련의 남북공동 합의들에서 지속적이고 일관되게 천명되어온 기본정신과 원칙은 바로 '7·4남북공동성명'의 자주, 평화, 민족대단결이라는 통일원칙이다. 그만큼 7·4남북공동성명을 통해 발표된 '조국통일 3대원칙'은 가장 합리적이고 실현가능성이 높은 민족의 통일원칙으로 자리매김되어 있다.

7·4남북공동성명은 그간의 외세의존적이고 상호대결 일변도가 아닌 '자주·평화·민족대단결'이라는 우리 민족 공동의 요구를 중심으로 하는 통일의 3대원칙을 제시했다는 점에서 통일의 역사에서 큰 전환점을 이루었다. 이때 마련된 3대원칙은 통일을 이루

☞ 7·4남북공동성명 전 국제정치정세 흐름

미국은 1969년 2월 닉슨독트린을 계기로 데탕트를 시작하고, 한반도에서 '두 개의 코리아 정책'을 전면화하기 시작하였다. 이 시기는 베트남전쟁을 둘러싼 미국내 정세(과도한 군비부담, 반전시위 격화 등)와 관련되어 있다.

닉슨독트린은 '베트남전쟁에서처럼 우방국이 관련된 전쟁이나 분쟁에 직접 개입을 중단하고 해외주둔 미군의 단계적 철수'를 포함하였다. 이에 따라 주한미군 역시 1개 사단의 즉각 철수가 이루어졌다. 또한 당시 미국 무장관 키신저의 중국 비공식 방문, 이어 1972년 2월 닉슨의 중국 공식 방문 등을 통해 미중 수교가 시작되었다.

남북관계 역시 이런 국제 정치정세의 변화 흐름에 따라 대화의 물꼬를 트기 시작했다. 미국은 미중수교를 위한 남북관계 긴장완화의 필요성, 한반도의 분단체제를 안정적으로 관리하기 위한 두 개의 코리아 정책 등으로 박정희 정부에 남북대화 추진을 요구하였고, 한국 정부는 이를 받아들이지 않을 수 없었다.

북한 역시 국제정세의 변화에 따라 데탕트 분위기를 수용하고 적극적으로 남북대화를 제의하였다. 1971년 4월 북한은 주한미군 철수, 남북의 군대 각 10만 또는 그 이하 감축, 남북총선거 실시에 의한 통일중앙정부 수립, 다방면적 상호 교류 실현, 남북정치협상회의 개최 등 〈8개항 평화통일 방안〉을 제의했다.

그러나 강력한 반공반북 기조를 유지해온 박정희 정부가 남북대화를 곧바로 진행시킨 것은 아니다. 7·4남북공동성명 발표 2년 전인 1970년 7월 〈주한미군감축 반대에 관한 결의안〉과 〈주한미군감축설에 따른 건의안〉을 채택하며 미군철수를 막아보려 했고 기존의 대북정책 기조를 유지하고자 했다.

그러나 결론적으로 주한미군 철수는 진행되었고 1971년 8월 20일 첫 남북적십자회담을 위한 접촉을 시작으로 남북대화를 본격화했다. 7·4남북공동성명은 1971년 11월부터 24차례의 판문점 비밀접촉과 평양-서울 비밀교환방문 등을 거쳐 1972년 7월 4일, 오전 10시에 서울과 평양에서 동시 발표를 통해 대내외에 천명되었다.

어가는 과정은 물론이고 통일 이후에도 온 거레가 힘을 합쳐 통일 국가를 지속적으로 발전시켜 가기 위해서 일관되게 지켜야 할 원칙이다.

1) 자주의 원칙

'미국놈 믿지 말고 소련놈 속지 마라. 일본놈 일어나니 조선사람 조심하소.'

해방 직후 민초들이 불렀던 노랫가락이다. 2015년 현재 70년 전의 노랫가락이 다시금 절실히 다가오고 있다.

아시아 재균형전략 실현을 위해 대북, 대중국 군사적 포위와 압박용인 사드(THAAD) 배치와 미일동맹 격상 등을 서두르는 미국, 이런 정세를 지렛대로 집단자위권 확보와 군사대국화를 빠르게 진행하고 있는 일본, 신미일동맹체제 선언 직후 다시 핵개발 가능성을 천명하고 있는 중국 등 한반도 주변에서 벌어지는 중·미·일·러의 위험천만한 21세기판 패권경쟁이 가파르게 전개되고 있다.

이를 지켜보면서 100여 년 전 미국과 일본의 합작으로 미국은 필리핀을 먹고, 일본은 조선을 먹기로 한 카쓰라-테프트 밀약이 떠오르는 것은 결코 우연이 아니다. 세계 최강대국들의 이해관계가 첨예하게 맞부딪치는 지금, 자주의 원칙을 지키지 못한다면 또다시 100년 전의 망국과 70년 전 분단의 고통을 곱씹을 수 있음을

새로운 미·일 방위협력지침 주요 내용

기본적인 전제 및 사고방식
미·일 안전보장조약 등에 기반을 둔 권리·의무는 변경되지
않는다. 유엔 헌장이나 국제법에 합치한다. 헌법이나
국내법을 따른다. 일본의 활동은 전수방위(專守防衛),
비핵 3원칙 등을 따른다.

일본의 평화 및 안전의 끊김 없는 확보
양국 정부는 평시부터 긴급사태까지 어떤 단계
에서도 끊김 없는 형태로 일본의 평화나 안전을
확보하는 조처를 한다.

지역, 지구적인 평화와 안전을 위한 협력
미·일 양국은 아시아 태평양 지역이나 이를 넘는 지역의
평화·안전·안정·경제적 번영의 기반을 제공하기 위해
자주적 역할을 수행한다. 자위대와 미군을 포함한 한
양국 정부는 다음에 표시한 활동에서 긴밀하게 협력한다.

우주나 사이버 공간에 관한 협력
· **우주에 관한 협력**
양국 정부는 우주 공간의 안전 보장 측면을
인식하고 평화적이고 안전한 우주 이용을 위해 연대를
강화한다.

· **사이버 공간에 관한 협력**
양국 정부는 사이버 공간의 위협에 관한 정보를
적시에 적절하게 공유한다.

직시해야 할 상황이다.

'자주의 원칙'은 통일의 본질과 잇닿아 있는 가장 중요한 통일
의 대원칙이다.

자주의 원칙은 역시 두 가지 측면을 포괄하고 있다. 첫째는 통
일과정에 외세의 부당한 간섭과 개입을 허용하지 않는다는 것이

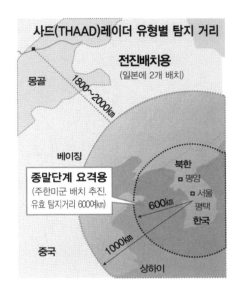

사드(THAAD)레이더 유형별 탐지 거리

전진배치용
(일본에 2개 배치)

몽골

1800~2000㎞

베이징

종말단계 요격용
(주한미군 배치 추진.
유효 탐지거리 6000여㎞)

북한
□ 평양
□ 서울
600㎞ 평택
한국

1000㎞

중국

상하이

고, 둘째는 통일의 과정을 우리 민족의 단결에 의거하여 실현해야 한다는 것이다. 이는 2000년 6·15남북공동선언 1항의 통일을 '우리민족끼리' 힘을 합쳐 해나간다는 원칙으로 계승, 발전되었다.

국제사회에 다양한 통일의 사례들이 있으나 민족자주권이 제대로 실현되는 방향으로 통일된 사례는 드물다. 더 힘이 강한 외세의 직간접적 개입과 간섭을 통해 그들의 이해관계가 실현되는 방향으로 귀결된 경우가 더 많다. 이런 통일은 할 이유가 없고 오히려 현재의 분단 상태보다 더 큰 고통과 손실이 뒤따르는 결과를 낳을 수도 있다. 그럼 어떻게 해야 하는가. 자주의 원칙을 통일의 대원칙으로 확고부동하게 세우고 나가는데 답이 있다.

자주의 원칙을 지키기 위해서는 민족자결의 원칙과 입장을 튼튼히 견지하며 통일의 과정에서 발생할 수 있는 다양한 사대주의적 경향을 배격해 나가야 한다. 무엇보다도 노골적으로 통일문제에서 민족자결의 원칙을 저버리는 사대적 입장에 대한 비판과 제어가 필요하다. 최근에는 마치 새로운 통일담론의 모색인 것처럼 포장하면서 '분단체제의 평화적 관리', '불가침 보장이나 군비경쟁 중단을 통한 공존' 등 결과적으로 '분단체제의 고착'을 인정하는 듯한 견해들도 제시되고 있다.

이러한 주장은 전쟁을 바라지는 않으나 통일도 바라지 않는 한반도 주변 강대국들의 이해관계와 유사성을 갖고 있는데, 결과적으로는 대중들에게 통일의 상과 원칙을 흐리게 만드는 좋지 않은 영향을 미칠 수 있다.

한편, 통일은 복잡한 외세와 얽힌 문제이기에 국제적 환경을 잘 만들어야 한다는 데 무게를 두는 견해도 제기되고 있다. 통일에 유리한 국제적 환경을 만들어야 한다는 게 틀린 말은 아니지만 이것 역시 외세의 호의에 의해서가 아니라 남과 북이 주체적으로 자주적 통일을 강력하게 추구할 때 가능하다는 사실을 잊어서는 안 된다. '자주의 원칙'은 통일에 반하는 외세의 이해관계를 무력화시킬 수 있는 가장 강력하고 중요한 원칙이라 할 수 있다.

2) 평화의 원칙

어떤 방법으로 통일하는가는 민족 전체의 생존과 번영의 문제와 직결된다. 우리 민족이라면 누구나 평화적으로 통일하기를 원한다. 특히 한국전쟁을 겪은 우리 민족으로서는 전쟁이 주는 고통과 희생이 어느 정도인지, 그 결과가 어떠한지에 대해 누구보다 잘 알고 있다는 점에서 평화는 선택의 문제가 아닌 절대적인 필수 요건이다. 뿐만 아니라 세계 최강대국들의 이해관계와도 관련되어 있는 한반도의 통일이기에 어떤 방법으로 이루어지는가에 따라 국제평화질서에도 엄청난 영향을 미친다는 점에서 평화적 통일은 인류사회의 보편적 요구이기도 하다.

이런 점에서 박근혜 정부 이전까지의 정부들은 모두 명목상으로나마 '평화통일'을 기본 방침으로 견지해 왔다. 박정희 정부가 1972년, 7·4남북공동성명을 통해 '자주, 평화, 민족대단결'이라는 평화통일 3대 원칙을 천명했고, 노태우 정권은 1991년 남북기본합의서를 통해 남북 간 체제인정, 상호불가침, 남북 교류 및 협력 확대로 평화적 통일을 이룬다는 방침을 재확인했다. 이후 2000년 김대중 정부 6·15공동선언, 2007년 노무현 정부 10·4선언으로 이 통일 원칙은 불변의 통일원칙으로 이어져왔다. 반공반북을 실질적 국시로 삼던 군사독재정권조차 평화적 방법으로 통일하지 않으면 대결의 골은 더욱 깊어질 수밖에 없고 무력에 의한 통일은 민족공멸을 불러올 것이라는 위험성을 인정하고 평화의 원칙을 견지할 수밖에 없었음을 말해준다.

그렇다면 전쟁의 위험을 걷어내고 평화적으로 통일하기 위해서는 무엇을 해야 하는가.

무엇보다도 먼저 한반도 전쟁위기와 군사적 긴장상태를 불식하는 것이 선결되어야 한다. 70년간 서로 총부리를 겨누며 하루가 멀다 하고 전쟁위기를 겪어온 역사를 되돌아볼 때 먼저 총을 거두

기가 쉽지 않다. 그러나 서로 살상무기를 겨눈 채 평화통일을 얘기할 수 없는 것도 분명하다. 그런 점에서 평화적 통일을 위한 여건을 만드는 것은 남북 모두 선택의 문제가 아니라 필수적인 과제라 할 수 있다. 이를 위해서는 전쟁무기부터 줄이고 서로 위협하고 침략하지 않는다는 남북 간의 정치군사적 신뢰를 구체적으로 형성하는 실질적 조치들을 진행해야 한다.

해마다 한반도를 전쟁위기로 빠뜨리는 상호 적대적 동맹을 앞세운 군사훈련의 중단, 해마다 증가하고 있는 국방비의 감축 등을 통해 신뢰를 쌓고, 최종적으로 현 정전체제를 평화체제로 전환하는 단계로 발전할 때 비로소 평화통일을 위한 기본 여건이 마련되었다고 할 수 있다. 더불어 이 과정에서 궁극적으로 현재의 분단체제, 전쟁체제를 받치고 있는 가장 강력한 무력인 주한미군 역시 단계적으로 철수되어야 한다. 이러한 군사적 환경을 마련하지 못한다면 오늘날 세계 최대의 핵대국인 미국과 이미 핵보유국임을 선언하고 지속적으로 핵무기를 발전시키고 있는 북한 사이의 군사적 대립상태는 끝나지 않을 것이며 한반도의 핵전쟁 가능성도 불식시킬 수 없다.

이와 함께 남북 간의 교류와 대화, 협상 등을 적극화하는 것 또한 평화적 환경 마련을 위한 하나의 핵심 과제다.

평화의 원칙을 실현하기 위해서는 통일의 과정에서 발생하는 모든 문제들을 남북 간의 대화와 협상을 통해서 풀어가야 한다. 남북이 함께 공동의 결과를 도출할 때만이 지속적이고 안정적으

한국 군사비 현황		
2015국방예산 37조 4560억원(정부 재정의 14.5%) - 군사비 지출 세계 10위 / 무기수입 세계 9위 / 복지비 지출 OECD 꼴찌		
세금을 무기 대신 복지로 전환한다면?		
교육복지	보육복지	노인복지
최신형 전투기 40대를 모든 대학생의 반값등록금으로!	글로벌호크 4대를 국공립어린이집 1400개 건설로!	'킬체인KAMD'를 93만 명 노인에게 15년간 10만원의 기초연금 추가 지급으로!

로 통일을 추진해나갈 수 있는 것이다. 사람 간의 문제도 대화를 통하면 대부분의 문제들이 풀리듯이 민족을 하나로 잇는 통일 과정도 남북이 부지런히 만나고 대화를 통해 상호 이해를 높여나간다면 통일 과정에서 부딪치는 문제들을 해결할 방안도 만들어낼 수 있을 것이다.

2000년 6·15남북정상회담과 2007년 10·4정상회담은 각각 6·15 공동선언과 10·4선언을 탄생시키며 평화적 통일의 여건을 질적으로 성숙시키는데 커다란 계기로 작용했다. 이를 돌아보면 남북 간의 대화와 협상, 합의도출의 과정이 얼마나 평화적 환경 마련에 기여하는지 확인할 수 있다. 단적인 사례로 한반도의 화약고라고 불리는 서해 5도를 둘러싼 상시적 분쟁지역의 문제도 남북대화가 활발할 때는 다양한 정치군사적 조치들을 통해 극단적 충돌을 예방하고 관리할 수 있었다. 그러나 2008년 이후 남북대화가 단절되고 상호 대결과 긴장이 높아지면서 2010년 연평도 포격 사건 등이 발생했다.

만약 2007년 남북 정상이 합의한 10·4선언의 '서해평화협력특별지대' 사업을 중단하지 않고 지속적인 대화를 통해 현실화시켰다면 과연 2010년과 같은 군사적 충돌이 벌어졌을까? 이렇게 생각해보면 남북 간이 대화와 교류협력, 크고 작은 공동의 합의를 만들어내는 것이 얼마나 평화적 여건 마련에 결정적인 역할을 하는지 다시 한 번 확인할 수 있게 된다.

청와대 습격사건을 겪은 박정희 정부와 아웅산 폭파사건을 겪은 전두환 정부조차도 전쟁을 피하고 남북 간 긴장을 완화하기 위해 남북대화를 시도했다. 평화적 통일을 바란다면 '남북대화'와 의미 있는 민족간 합의를 도출하기 위한 노력은 어떤 정세와 조건 아래서도 일관되게 전개해야 할 평화통일 정책의 핵심이다.

남북대화와 교류, 합의들은 정치권의 전유물이어서는 안 된다. 통일을 희망하는 모든 민족 구성원들이 대화, 교류, 합의의 주체가 될 때 실질적인 평화의 기운과 토대는 만들어질 수 있다. 각계각층, 부문과 지역들도 왕성하게 교류협력에 나서야 한다는 이야기다. 문화나 스포츠 같이 상대적으로 쉽게 도모할 수 있는 분야부터 점차 경제영역, 정치군사적 영역으로 남북 간의 대화와 협력을 확대해 나간다면 평화적 통일을 위한 남북 간의 궁극적인 합의도 만들어낼 수 있을 것이다.

또한 남북 간의 대화와 협상의 확대는 통일 과정에서 끊임없이 시도될 한반도 주변 강대국들의 간섭과 개입을 막아내고 평화적으로 통일문제를 풀어갈 수 있는 현실적이고도 강력한 방안이다.

남북 간 진행된 주요 교류 및 합의	
70년대	-1972년 7·4남북공동성명 -1974년 북의 상호불가침협정 체결 제안
80년대	-1985년 이산가족 고향 방문
90년대	-1991년 남북기본합의서 발표 -1994년 남북정상회담 추진 /김일성 주석 사망으로 실패 -1998년 금강산 관광 시작
2000년대	-2000년 남북정상회담 및 6·15공동선언 -2000년 경의선 복원 공사 시작 -2007년, 남북정상회담 및 10·4공동선언
2010년대	-2014년, 인천 아시안게임에 북 고위인사 3인 참가, 남한 관련 인사들과 접촉

3) 민족대단결의 원칙

민족대단결 없이 자주적 통일도, 평화적 통일도 가능하지 않다. 외세의 간섭과 개입 없이 우리 민족의 요구대로 자주적으로 통일 하는 것은 온 겨레의 공통된 요구다. 이것을 실현하기 위해서는 사상과 이념, 정견과 신앙, 재산과 지위 고하를 불문하고 모든 계 급계층이 민족의 이름으로 단결하여 민족 역량을 최대로 모아내 고 통일적인 힘을 발휘할 수 있어야 한다. 이런 점에서 민족대단 결의 원칙은 자주적 통일을 위한 실질적인 담보라 할 수 있다.

70년간 쌓여온 반목과 갈등의 요소를 줄이고 제거해나가지 않 는다면 미래에 더 큰 갈등에 직면하게 되는 것은 필연적이다. 그 리고 그 최종적인 결과는 전쟁이 될 것이다. 우리 민족 간에 쌓인 반목과 갈등의 요인을 하루빨리 없애고 차이를 넘어서 민족의 동질성을 회복하고 단합의 질을 높여가는 것이 전쟁을 막는 지름길이다. 결국 민족대단결은 평화의 기운을 높이는 추동력이자 평화통일의 담보장치인 셈이다.

한반도의 전쟁 가능성은 남과 북의 대립과 갈등뿐만 아니라 복잡한 이해관계로 얽혀있는 외세의 개입이라는 국제적 요인에 의해서도 발생할 수 있다. 당연히 우리 민족 간 대결구도가 심화될수록 이 간섭과 개입의 힘은 커질 수밖에 없고 전쟁 위험 또한 더욱 높아질 것이다. 이와 반대로 1990년대 핵을 둘러싼 북미 간의 대립이 극한으로 치닫고 북의 인공위성이 처음으로 발사되는 상황 속에서도 남과 북의 결단으로 2000년 남북정상회담과 6·15공동선언을 내놓음으로써 한반도의 전쟁기운을 없애고 국제적 환경을 획기적으로 변화시킨 경험을 우리는 갖고 있다. 민족대단결은 평화통일에 유리한 국제적 환경을 만들어 낼 수 있는 힘이다.

그러면 민족대단결을 실현하기 위해서는 어떤 것이 선행되어야 할까.

무엇보다 민족 모두의 공동 이익을 앞세워 통일문제를 풀어가는 원칙이 필요하다. 남과 북은 체제와 제도가 다르고, 사회가 안고 있는 과제도 차이가 있다. 그러나 통일은 체제상의 대립이나 계급적 모순을 해소하는 것이 아니라 민족의 대내외적 자주성과 통합성을 회복하는 것이다. 모든 계급계층은 우리 민족이라는 하나의 공동체 안에 존재한다. 그런 점에서 민족의 자주권 확보는 모든 계급계층의 자주성 실현의 전제이다. 분단체제로부터 가장 큰 고통과 희생을 강요당하는 것은 바로 노동자와 농민, 서민이라는 점을 생각해보아도, 또 자주권이 확보되지 못한 국가나 민족의 민중이 겪고 있는 고통을 보더라도 충분히 알 수 있는 일이다. 따라서 민족대단결을 실현하기 위한 주체는 통일에 기여하고자 하는 모든 사람과 집단일 수밖에 없고, 이를 확대하기 위해 노력해나가는 것은 무엇보다 중요한 일이다.

진정으로 민족대단결을 이루기 위해서는 남과 북이 서로 상호 비방 등 적대정책부터 중단해야 한다. 이것은 오랜 세월 민족 내부에 형성되고 쌓여온 수많은 오해와 불신을 없애나가기 위한 첫 걸음이다. 예를 들면 당국자간 남북대화를 하자고 하면서 북측의 최고지도자를 '비방'하는 대북 삐라살포를 허용하는 것은 대화의 진정성을 의심할 수밖에 없게 만드는 행위이다. 마찬가지로 북측이 박근혜 대통령을 노골적으로 '비방'하는 행태도 남북대화에 난관을 조성하는 행위이다.

제7장

한반도 통일방안
― 연합연방제

"6·15선언 2항의 통일방안은 1항의 통일원칙에 의거하여 북한이 그간 주장해오던 '고려연방제' 통일방안을 대폭 완화하여 '낮은 단계 연방제'를 제시하고, 남한이 '민족공동체통일방안' 2단계 '남북연합'안과 김대중 대통령의 3단계 통일방안 1단계인 '공화국연합'안의 공통성을 중심으로 합의한 절묘한 통일방안이다."

1. 6·15선언의 역사적 의의

1) 통일론의 핵심은 통일방안

통일 논의의 핵심은 통일방안을 바르게 정립하는 것이다. 분단 70년 세월에 따른 시대와 조건의 변화를 반영하고, 민족과 민중의 지향과 요구에 맞는 통일방안을 세우는 것은 남북이 나아갈 길을 밝힌다는 점에서 결정적으로 중요하다.

통일방안이 전 민족이 동의하는 방안이 되려면 남북이 합의하고 민족적 지향이 반영된 통일원칙에 기초해야 한다. '자주, 평화, 민족대단결'의 3대원칙을 시대 흐름에 맞게 반영한 통일방안이야 말로 민족의 통일방안으로 인정받을 수 있을 것이다.

이런 점에서 통일방안이 보수적인가, 진보적인가 또는 중도적인가를 따지는 것은 무의미하다. 중요한 것은 그것이 남북이 합의한 통일 3대원칙에 부합하는가의 여부이다. 3대 원칙은 반공보수정권인 박정희 정권의 입장에서도 수용하고 합의한 것이기에 이를 반영한 통일방안을 놓고 보수냐 진보냐를 가를 수는 없다. 또한 6·15공동선언은 남한의 중도적 정권이 북한과 합의한 것이지만, 이를 두고 중도적 통일방안이라고 할 수 없듯이 통일방안은 보수인가 진보인가 나눠볼 것이 아니라 얼마나 민족적 이해와 요구를 제대로 반영한 것인가 아닌가로 가려야 한다.

예를 들어 흡수통일방안은 통일의 3대원칙을 제대로 반영한 통일방안이 아니기에 민족의 통일방안이 될 수 없다. 어느 한쪽이 상대방을 흡수 병합하는 통일방안은 상대방의 강한 반발을 낳을 수밖에 없고, 이는 필연코 전쟁이나 그에 준하는 폭력적 방식을 동반할 것이기 때문에 남북 공히 합의할 수 없는 통일방안이다.

또 독일의 경우처럼 어느 한쪽의 체제가 붕괴되어 상대에게 흡수당하는 것을 상정하여 끊임없이 상대방을 적대하고 제재를 가하여 붕괴시키려 한다면 여기에 민족대단결이나 평화 통일의 원칙은 설 자리가 없다. 또한 흡수통일방안은 상대를 무너뜨리기 전까지 통일은 안 된다고 보기 때문에 결국 상대의 붕괴 전까지 분단 상태를 유지해야 한다는 분단론이기도 하다.

흡수통일방안 이외에 남한 내에서는 통일3원칙을 반영한 여러 가지 통일방안이 제안되었다. 노태우 정권 시절의 '한민족공동체 통일방안'에서는 남북연합의 과도기를 거친 1국1체제로의 통일방안이 제시되었고, 통합진보당 등에서는 연합제의 특성을 결합한 '코리아연방공화국 통일방안'을, 시민운동진영에서는 평화국가로서 다양한 남한 내의 시대조류를 반영한 사실상의 '남북연합'안이 제시되었다.

이는 남한 내에서 보수와 진보를 막론하고 평화와 민족대단결 원칙에 의거한 한반도 통일방안으로 '남북연합'이나 '연방제'에 의거한 통일방안으로 의견이 모아지고 있음을 말해준다. 물론 평화통일 얘기만 나와도 친북으로 몰려 잡혀갔던 이승만 정권 아래서의 북진통일론이나 이명박 정권의 '자유민주주의 통일론', 박근혜 정권의 이른바 '드레스덴 선언'으로 표현되는 독일식 흡수통일론이 여전히 보수수구진영 내부에 한 축으로 자리하고 있다. 하지만 이들이 적어도 공식적으로 흡수통일방안을 내세우거나 기존 남북간 합의를 거부하지는 못하고 있다. 이것은 평화와 민족대단결이 민족의 통일원칙으로 확고히 자리를 잡았기 때문이다.

2) 상호 존중과 이해의 통일

남북이 합의한 유일한 통일방안

통일 3대원칙에 의거하여 남북 당국이 유일하게 합의한 통일방안이 바로 2000년 6·15공동선언의 통일방안이다. 6·15공동선언은 과거 남북이 합의한 통일의 원칙을 재확인, 계승하면서 동시에 통일방안에 대해서도 획기적 진전을 이뤘다는 점에서 그 역사적 의의가 크다.

> "남과 북은 나라의 통일 문제를 그 주인인 우리 민족끼리 서로 힘을 합쳐 자주적으로 해결해 나가기로 하였다."(1항. 통일원칙)

> "나라의 통일을 위한 남측의 연합제 안과 북측의 낮은 단계의 연방제 안이 서로 공통성이 있다고 인정하고, 앞으로 이 방향에서 통일을 지향시켜 나가기로 하였다"(2항, 통일방안)

1항의 통일원칙은 72년 7·4공동성명의 "자주, 평화, 민족대단결"의 통일 3대원칙을 계승한 것이다. "우리민족끼리"라는 표현 속에는 '남북이 서로 존중하면서 외세의 간섭을 배제하고 힘을 합쳐 통일을 이뤄가자'는 의미가 들어있다. 2007년 10·4선언은 1항에서 "우리민족끼리 정신에 따라 통일문제를 자주적으로 해결해나가며"라고 선언하여 "우리민족끼리"를 통일의 원칙인 동시에 그 이념적 지표로 제시하였다.

6·15선언 2항의 통일방안은 1항의 통일원칙에 의거하여 북한이 그간 주장해오던 '고려연방제' 통일방안을 대폭 완화하여 '낮은 단계 연방제'를 제시하고, 남한이 '민족공동체통일방안' 2단계 '남북연합'안과 김대중 대통령의 3단계 통일방안 1단계인 '공화국연합'안의 공통성을 중심으로 합의한 절묘한 통일방안이다.

미국, 캐나다처럼 '연합제'가 발전하여 '연방제'가 된 경우는 있지만 '연합'과 '연방'이 그 공통분모를 기반으로 하여 갈라진 민족을 하나로 묶는 통일방안으로 제시한 것은 6·15공동선언이 처음이다. 이런 의미에서 6·15공동선언은 남북 간에 적대와 대결의 시대를 마감하고 상호 존중과 이해의 통일시대를 여는 분수령이라고 할 수 있다.

〈표 8〉 통일문제에 관한 남북한의 입장 변화

	남 한	북 한	비 고
1945~60년	승공통일론(북진통일론) - 북한 실체 불인정, 실지회복	민주기지론 - 先 민주기지, 後 국토완정	· 한국전쟁(1950~53)
1960, 70년대	6.23선언(1973) - 북한 실체 인정, 평화공존 - 남북한 유엔 동시가입	연방제 통일방안(1960) - 외국 간섭 없는 총선거 　조국통일 5대강령(1973) - 단일국호 유엔가입	· 7·4남북공동성명 (1972)
1980년대	민족화합민주통일방안(1982) 7.7특별선언(1988) - 상호 체제 인정, 선의의 동반자 한민족공동체통일방안(1989)	고려민주연방공화국 창립방안 (1980)	
1990년대	민족공동체통일방안(1994)	고려민주연방제통일방안 (1990)	· 남북한 유엔 동시가입 (1991) · 남북기본합의서(1992)
2000년대	6·15공동선언(2000) 10·4정상선언(2007)		· 제1차 정상회담 (2000. 6)
	3대공동체 통일구상(2010)	낮은 단계의 연방제(2000)	· 제2차 정상회담 (2007. 10)

6·15통일방안 - 연합연방제

6·15공동선언에서는 고유한 명칭의 통일방안을 제시하지 않았

다. '연합제'와 '연방제'만이 국제적으로 존재하는 조건에서 두 제도의 공통성을 실현하는 통일방안을 특정한 이름으로 명명하는 것은 어렵기도 하거니와 굳이 필요하지 않을 수도 있다.

이후 북한 정부에서는 6·15통일방안을 '연방연합제'(2014.7.7. '공화국성명')라고 표현하였지만 남한 정부에서는 아직 어떤 공식 명칭을 사용하고 있지 않다. 일부 남한 연구자들은 북한이 '연방연합제'라고 호칭하기 전인 2000년대 중반부터 남한의 주장인 '연합제'를 앞세워 '연합연방제'라고 지칭하거나 '연방형연합제'라고 개념화했다. 여기서는 '연합연방제'로 표현하고자 한다.

'연합연방제'라는 독창적 통일방안은 한반도 통일실현을 위한 두 가지 중요한 의미를 갖는다.

하나는 체제대결에 의한 통일이 아닌 체제공존의 통일을 지향한다는 점이다. 오랜 세월 다른 사상과 제도, 환경에서 살아온 남북의 차이를 인정하고 그 바탕 위에서 상호 존중하고 공존하면서 차이를 줄여나가는 통일을 지향한다. 통일은 한 나라가 되는 것이다. 이미 중국이나 베트남, 베네수엘라 등은 사회주의를 표방하지만 자본주의 방식으로 사회경제제도를 운영하고 있다. 한 나라 안에서 자기 국가발전전략에 따라 사회주의와 자본주의 요소를 혼용하는 것은 유럽에서도 마찬가지다. 따라서 통일문제를 체제대결로 바라보는 낡은 냉전적 사고를 버려야 한다. '연합연방제'는 통일 한반도가 단일 체제로의 통합이 아닌 두 체제의 공존형 통일임을 제시하고 있다.

다른 하나는 급진적 통일이 아니라 점차적, 단계적 통일을 지향한다는 점이다. 급진적 통일이란 흡수통일방안 같이 상대의 붕괴 내지 전쟁 등의 방식으로 일거에 어느 한쪽의 체제로 통합하는 방식이다. 독일은 그와 같은 방식으로 통일하여 지금까지도 막대한 비용과 심각한 사회적 후유증을 앓고 있다. '연합연방제'는 이런 방식을 수용하지 않는다.

'낮은 단계'란 '높은 단계'를 전제로 한다. '연합연방제'는 완성된 통일형태가 아니다. '연합연방제'는 남북 간의 이해 정도가 깊어지고 교류 협력이 활성화될수록 통일의 단계 또한 민족의 합의로 높여가는 '과정으로서의 통일'이다.

2. 연합제와 연방제

1) '남북연합'은 '국가연합'과 다르다

국가연합

'국가연합'이란 유럽연합(European Union), 독립국가연합(Common-wealth of Indepedent States)처럼 "둘 이상의 회원국들이 각기 주권을 보유하면서도 조약에 의해 연합기구를 창설하고 이의 활동을 보장하기 위해 자기 주권의 일부를 연합기구에 이양하는 것을 수용한 국가결합의 형태"(정성장, 〈연합제와 연방제의 공통점과 차이점은 무엇인가〉,《민족21》136호)이다. 그러나 다수의 국가들이 '국가연합'으로 결합했다고 해서 연합 자체가 하나의 국가인 것은 아니다. 독자의 외교권, 군사권 등의 주권을 행사할 수 없기 때문이다. 물론 연합기구가 조약에 의거하여 회원국의 주권 일부를 이양 받아 제한된 범위 내에서 외교권을 행사할 수 있다. 그러나 대부분의 경우 회원국은 독자의 외교권을 행사한다. 마찬가지로 회원국 국민의 국적은 '연합'이 아니라 회원국 국적이다.

유의할 점은 '국가연합'이 회원국의 통제를 받지만 정부 간 협의기구와는 본질적으로 다른 초국가기구를 둘 수 있다는 점이다. 정부간 협의기구는 국가간 통합으로 이어질 수 없지만 초국가기구는 개별 국가의 이해관계를 뛰어넘어 '연방정부' 수립으로 발전할 수 있다.(장성장, 위의 글) 미국이나 스위스 등은 이런 '연합' 단계를 거쳐 '연방'으로 발전하였다.

현재 유럽연합은 '국가연합'의 최고 수준을 보여준다. 28개 회원국의 경제 통합을 이루기 위한 화폐 통합이 이루어졌고 대내외적인 정치, 외교 기능을 수행하기 위한 유럽 이사회(정상회의), 유럽 각료이사회, 유럽 의회 등의 초국가기구가 구성되는 등 '유럽연방'으로 나아가기 위한 상당한 수준의 통합이 이루어졌다.

그러나 최근 그리스 사태에서 보듯이 연합기구가 개별 회원국의 근본적 주권을 침해한다고 판단될 때에는 유럽연합이나 유럽중앙은행의 강제적 권고마저 거부되고 유럽연합 탈퇴까지 제기되는 등 '국가연합'은 공고한 국가결합 제도가 아닌 것이다.

통일 지향의 남북연합

6·15공동선언의 남측 '연합제'안이란 1994년 8월 김영삼 정부에서 발표한 '민족공동체통일방안'(정식 명칭은 '한민족공동체 형

성을 위한 3단계 통일방안')에서 통일을 위한 과도체제로 설정한 '남북연합'(The Korean Commonwealth)과 김대중 대통령의 3단계 통일방안 가운데 1단계인 '공화국연합'을 말한다.(통일연구원, 「남북한 통일방안 분석」, 2001.4.)

남한 정부안은 1989년 9월 노태우 정부가 발표한 '한민족공동체통일방안'을 계승한 것으로 '남북연합'의 성격과 내용은 이 방안에서 거의 설명되고 있다. 이 방안은 박근혜 정부를 비롯해 역대 모든 정권이 공식적으로 계승한다고 밝히고 있는 만큼 남한 정부의 공식 통일방안이다.

흔히 '남북연합'을 '국가연합'의 연장선상에서 바라본다. 이미 남북은 국제적으로 각각 세계 160개국 이상과 수교한 주권국가로 인정받고 있기 때문이다. 그러나 남북은 '남북기본합의서'(1991년)에서 남북관계를 "나라와 나라 사이의 관계가 아닌 통일을 지향하는 과정에서 잠정적으로 형성되는 특수관계"로 규정하였다. '남북연합'은 이런 '특수관계'에 의거하여 제시된 방안으로 일반적인 '국가연합'과 구별하여 바라보아야 한다. 남한 주민의 북한 방문 시 여권 대신 '방문증'을 사용하는 것은 이런 '특수관계'의 단적인 예이다.

이처럼 '남북연합'은 '국가연합'의 성질을 갖고 있지만 통일을 목적으로 한다는 점에서 일반적인 '국가연합'과 구별되는 특징을 가진다. 모든 '국가연합'은 회원국들 간 특정의 정치, 경제, 군사적 목적 실현을 위한 제한적 연합기구를 두지만 그렇다고 모든

'국가연합'이 연방이나 완전한 국가통합을 지향하는 것은 아니다. 반면 '남북연합'은 통일 지향의 연합(공동)기구를 구성한다는 점에서 보다 전면적이고 뚜렷한 목적지향성을 갖고 있다.

남한의 '남북연합'은 '민족공동체통일방안'의 화해협력단계→남북연합단계→통일국가(1국1체제) 완성단계로 이어지는 과도적 중간단계를 가리킨다. 따라서 '남북연합'은 통일의 한 형태가 아니다. 정부는 '남북연합' 단계를 "단일 민족공동체 형성을 지향, 궁극적으로 단일 민족국가를 건설한다는 목표를 설정하고, 남북 간의 공존을 제도화하는 중간과정으로서 과도적 통일체제"로 규정하였다.

'과도적 통일체제'는 사실 논란이 될 수 있는 표현이다. 중앙정부가 존재하지 않는 조건은 엄밀히 '통일'되었다고 표현할 수 없기 때문이다. 그럼에도 이 표현을 사용한 것은 일반적인 '국가연합'과 구별되고, 그렇다고 통일된 국가가 아닌 상태로서 통일을 지향함을 명확히 하기 위한 것으로 보인다. 즉 1민족2국가가 아닌 1민족2체제로 유지하면서 완전한 통일을 실현해가는 과도적 공존 방안으로서 '남북연합'을 상정한 것이다.

그러나 남한 내의 일부 연구자들은 '남북연합'의 성격을 여전히 '국가연합'이라고 규정한다. 그렇다면 그것은 통일방안이라기보다 분단 영구화 방안이라고 비판받을 수 있다. 대한민국과 조선민주주의인민공화국이라는 두 국가 간 연합은 통일보다는 두 국가 사이에서 제기된 공통의 현안 해결, 즉 두 국가 간 대결구도의 평화적 관리로의 전환이 더 중요하게 제기될 수 있기 때문이다. 실제 남한 내 일부 진보적 지식인들조차 이른바 '평화국가'론을 제기하면서 '남북연합'을 최종적인 남북간 결합형태로 제시하고 있다. 이 주장은 결국 분단 상태를 유지하되 '서로 싸우지 말자'는 분단론이다.

이렇듯 '연합' 단계에서 통일 지향을 명확히 하는가, 아닌가는 '연합'의 성격을 좌우할 만큼 결정적 요소인 것이다.

'남북연합' 단계에서는 연합기구로 남북정상회의, 남북각료회의, 남북평의회 및 공동사무처 등을 설치하여 남북 간의 통일 실현을 위한 제반 현안 해결과 제도적 전망 마련을 핵심 임무로 한다. 이 단계에서 내정은 물론 외교권, 군사권 등의 핵심 주권은 양쪽 정부에 있다. 따라서 각종 연합기구는 남북 모두의 주권에 의해 제약받는다. 그러나 연합기구의 임무가 통일 실현을 위한 정치, 군사, 경제적 현안 해결과 법적 제도적 마련에 있는 만큼 연합의 수준이 상승할수록 남북공동기구는 양쪽의 주권을 점차적으로 이양 받는 중앙정부적 성격으로 변할 수 있다.

2) '연방국가'와 '낮은 단계 연방제'

연방국가는 공존·공생의 국가형태

연방국가(Federal State)는 "복수의 지분국으로 구성되며 중앙정부가 완전한 국제법상의 권한을 갖고 지분국의 정부(지역정부)는 제한된 특정 사항에 관해서만 국제법상의 권한을 가진다." 따라서 연방국가는 그 자체의 정부기관을 가지며 지역정부의 주민에게 완전한 통치권을 행사하는 '국가'이다.

연방국가의 "대내 문제에 관한 권한은 연방헌법 및 법률에 따라 연방정부와 연방지분국 정부에게 각각 나눠지지만 대외문제에 관한 권한(외교권, 군사권)은 연방정부가 행사하는 것이 일반적"(정성장, 〈연합제와 연방제의 공통점과 차이점은 무엇인가〉,《민족21》, 2012년 7월호)이다.

연방국가는 2012년 현재 세계 30여개 나라에서 세계 인구의 40%가 살고 있는 보편적인 국가형태이다. 대표적으로 미국을 비롯해 러시아, 독일, 캐나다, 호주, 스위스, 벨기에, 아르헨티나, 멕시코, 아랍에미리트, 예멘, 남아프리카공화국, 에티오피아, 수단, 콩고 등 각 대륙에 고루 분포되어 있다. 이 가운데 상당수의 국가들은 초기 '국가연합' 단계를 거쳐 '연방국가'로 발전하였다. 미국, 스위스, 독일 등은 하나의 국가로서 대내외적 위상을 강화하기 위하여 또는 민족통합을 강화하기 위하여 연합 단계를 거쳐 연방으로 발전하였다.

이처럼 연방국가는 전체의 통일성과 부분의 다양성을 조화시키는 것을 핵심적 특징으로 하는 정치조직원리이자 국가형태이다. 지구상의 어떤 연방국가도 특정 사상, 종교, 제도, 문화로의 일방적 통합을 강요하지 않는다. 이는 지난 수백 년의 연방 역사가 증명하고 있다.

'낮은 단계 연방제'는 초보적 수준의 체제공존 통일방안

북한이 6·15공동선언에서 공식 표명한 '낮은 단계 연방제'는 기존에 제시했던 '고려민주연방공화국' 방안에서 후퇴하여 연방제의 새로운 형태와 수준을 제시하였다는 점에서, 그리고 남측의 통일방안에 일정하게 호응하는 입장을 반영하여 새롭게 제시한 통일방안이라는 점에서 의의가 있다.

낮은 단계 연방제는 지구상 어느 연방제보다 느슨하고 제한적인 연방제이다. 이 방안에 대해 북한 안경호 조국평화통일위원회 서기국장은 "하나의 민족, 하나의 국가, 두 개 제도, 두 개 정부 원칙에 기초해 북과 남에 존재하는 두 개 정부가 정치, 군사, 외교권 등 현재의 기능과 권한을 그대로 갖게 하고 그 위에 민족통일기구를 내오는 방법으로 북남관계를 민족공동의 이익에 맞게 통일적으로 조정해 나가는 것"이라고 설명하였다.

이처럼 낮은 단계 연방제는 일반적으로 연방정부가 갖고 있는 외교권, 군사권 등의 핵심 주권을 지역정부가 그대로 갖게 하고, 그 위의 연방정부 역시 정부를 구성하는 것이 아니라 '민족통일기구'라는 특수 형태로 두는 것을 핵심으로 하는 잠정적이고 미완성형의 연방제이다.

낮은 단계 연방제는 완성형의 연방제가 아니기에 '높은 단계 연방제'로 나아가기 위한 전 단계이다. 북한은 연방제 통일을 두 단계에 걸쳐 진행할 것을 제안한 것이다.

이런 북한의 낮은 단계 연방제는 김일성 주석의 1991년 신년사에 연원을 두고 있다. 그는 신년사에서 "고려민주연방공화국 창립 방안에 대한 민족적 합의를 보다 쉽게 이루기 위하여 잠정적으로 연방공화국의 지역자치정부에 더 많은 권한을 부여하며 장차로는 중앙정부의 기능을 더욱 더 높여나가는 방향에서 연방제 통일을 점차적으로 완성하는 문제도 협의할 용의가 있다"고 밝혀 낮은 단계 연방제의 원형을 제시하였다. 나아가 "북과 남의 서로 다른 제도를 하나의 제도로 만드는 문제는 앞으로 천천히 순탄하게 풀어나가도록 후대에게 맡겨도 된다"고 하였다.(제성호, 「남측 연합제와 북측 낮은 단계 연방제의 비교 및 상호접점 도출방안」)

여기서 확인할 수 있는 북측의 통일방안에 관한 입장은 세 가지이다.

첫째, '고려민주연방공화국'이라는 '높은 단계 연방제'를 지향한다.

둘째, 이에 대한 민족적 합의를 보다 쉽게 이루기 위해 잠정적으로 지역정부에 더 많은 권한을 부여하고 점차 중앙정부의 기능을 높여가는 방식의 '느슨한' 연방제를 새롭게 제안한다.

셋째, 1국1체제로의 통일은 '연방국가' 단계를 거쳐 후대들이 결정토록 한다.

북측은 애초 1973년의 고려연방공화국 통일방안과 1980년의 고려민주연방공화국 통일방안에서는 단계를 설정하지 않았다. 그러나 1991년 신년사를 통해 새로운 낮은 단계의 연방제 방안을 사실상 공식화한 것이다.

이에 대해 당시 남측 통일원은 "잠정적 지역정부 권한 강화론은 남측이 일관되게 설득해 온 '과정으로서의 통일'을 받아들인 것으로도 평가할 수 있기 때문에 가장 결정적인 수정"이라고 평가하였다.

낮은 단계 연방제는 남측 입장 반영한 연방제안

북측의 이런 변화에 영향을 미친 남측의 입장은 문익환 목사의 '점진적인 연방제 통일방안'과 김대중 대통령의 '3단계 통일론'이라고 할 수 있을 것이다.

문익환 목사는 1989년 방북하여 김일성 주석과 회담한 결과를 4·2남북공동성명으로 발표하였다. 이 회담에서 문 목사는 '연방국가의 단계적 창설방안'을 모색하는 것이 긴급한 과제라는 의견을 제시하였고 이를 김일성 주석도 수용하였다. 이것이 4·2합의문에 반영되어 "단꺼번에 할 수도 있고 점차적으로 할 수도 있다는 점에 견해의 일치를 보았다"고 명시한 것이다.

많이 알려져 있지 않지만 4·2남북공동성명은 남측 민간진영 최초의 남북합의서이다. 이 성명의 주요 내용은 다음과 같다. ① 통일 문제는 7·4남북공동성명의 자주, 평화, 민족대단결의 3대원칙에 기초하여 해결하여야 한다. ② 남북은 정치군사회담의 추진과 동시에 이산가족 문제와 다방면에 걸친 교류와 협력을 추진한다. ③ 연방제 방식으로 통일하되 그 실현 방도는 단꺼번에 할 수도 있고 점차적으로 할 수도 있다. ④ 문익환 목사의 남북교류와 점진적 연방제 통일방안을 긍정적으로 평가한다.(부록: 4·2공동성명)

이렇듯 남측 민간 통일방안에 관한 입장이 반영된 4·2공동성명은 1991년 신년사와 이후 6·15공동선언을 낳는 기반이 되었다는 점에서 큰 역사적 의의를 가진다.

문 목사의 통일방안에 관한 입장이 포괄적, 원칙적이었다면 김대중 대통령의 3단계 통일방안은 구체적 내용과 실천방안을 담고 있다.

'남북연합→연방→완전 통일'로 제시된 3단계 통일론 가운데 '남북연합'(공화국연합) 단계의 기본 내용은 "남과 북이 현존 상태 그대로 상이한 이념과 이질적인 정치 경제체제 및 두 정부를 관리하는 한편 통합과정을 효율적으로 관리해 나가는 제도적 장치의 설치"(통일연구원, 「남북한 통일방안 분석」, 2001.4.)이다. 이를 북한에서는 '느슨한 연방제'라고 표현하였다(1989년 북한 조국평화통일위원회 부위원장 전금철의 발언).

이렇듯 김 대통령의 '남북연합'은 낮은 단계 연방제에 대한 북한의 해설과 상당히 유사하다.

이런 접근방식은 낮은 단계 연방제와 연합제가 서로 접근할 수 있게 된 6·15공동선언의 논리적 배경이 되었다.

연방제는 근대민족통일국가 형성과 궤를 같이 하면서 민주주의 사상을 실현한 정치원리이다. 그 이유는 다음과 같다.

첫째, 연방제는 민족국가 형성을 위한 핵심적 정치제도이다. 근대 민족국가 건설 과정과 정치제도는 나라마다 다르나 크게 단일 정치체제와 연방제로 나누어진다. 연방제는 민족이 작은 지역 단위(지역국가)로 나뉘어 있는 조건에서 외세의 침략에 공동으로 대항하고, 자본주의 성장에 따른 민족 내부의 경제통합을 실현시키기 위한 핵심적 정치제도로서 채택되었다.

독일은 19세기 35개국과 4개 자유시가 참여한 느슨한 독일연방이 건설되고, 이후 프로이센 중심의 독일제국 연방국가가 건설됨으로써 민족국가 건설이 완성되었다. 스위스나 예멘 또한 연방제를 통해 통일된 민족국가를 건설하였다. 스위스연합, 연방의 역사는 13세기까지 거슬러 올라간다. 근대적 형태의 '연합'은 1815년 22주가 참여한 동맹협약을 출발점으로 삼는다. 동맹협약(연합제)은 13세기 3개주의 서약동맹과 큰 차이 없이 중앙정부가 없고 권한이 약한 공동기구와 권한이 강한 주의 자치권을 특징으로 한다. 이후 연합 운영을 둘러싸고 프랑스 혁명에 영향 받은 자유주의 세력 대 봉건적 가톨릭 세력 간의 내전(1847년)이 발생하고, 자유주의 세력의 승리로 끝나면서 '연합'은 '연방'으로 발전한다. 스위스 '연방'은 통합국가와 중앙정부의 필요성, 분열된 민족통합의 유지, 시장통합 요구에 따라 1848년 연방헌법이 제정되면서 탄생하였다. 스위스 연합, 연방의 역사는 오늘날 국가결합의 원형을 제공하였다 해도 과언이 아니다.

둘째, 연방제의 사상적 토대는 민주주의이다. 프랑스혁명과 근대정치사상은 연방제 형성의 사상적 토대다. 봉건제로부터 극적인 전환을 이루었던 프랑스 혁명은 유럽 전역에 자유주의와 민주주의를 확산시켜 봉건적 절대왕정에 대항한 지역(주, 지역국가) 단위의 자주와 자치를 요구하게 하였다.

루소는 사회계약론을 제창해 민권을 중시하였고, 몽테스키외는 "큰 국가는 전제군주제라는 폐단에 의해 망할 수 있고 작은 국가는 외부적 침략으로 망할 수 있으므로 여러 개의 작은 국가들이 보다 큰 연방적 국가를 형성해야 한다"고 하여 미국 연방제도 형성에 직접적 영향을 미쳤다. 미국은 유럽의 연합방식의 한계를 인식하고 자유주의적 근대 정치사상을 반영하여 제도로서 연방제를 처음 실현하였다. 미국 연방제의 성공적 정착은 연합의 한계에 고심하던 유럽 각국의 연방제 실현에 상당한 영향을 미쳤다.

벨기에는 본래 네덜란드 남부 지역으로 프랑스 혁명과 자유주의 사상에 영향 받아 네덜란드의 봉건왕정 통치와 보수적인 가톨릭에 대항한 혁명(1830)을 통해 분리 독립하였다. 한때 프랑스에 합병 당했던 벨기에는 프랑스계가 잔존하면서 북부의 네덜란드계와 남부의 프랑스계 간의 연방국가로 발전하였다.

스위스 역시 연방 이전 각 주 단위에서부터 민주주의 혁명을 성공시켜 주 단위 민권 요구가 높아졌다. 이런 흐름은 봉건 지배세력의 배타적 지배를 보장하였던 지역 경계를 허물고 독일 등 외세 침략에 대비하는 것이 민주적인 민족국가를 세우는 데서 공동의 요구가 되었다. 또한 경제적으로는 주 사이의 관세 철폐, 통화통일, 우편 도량형 통일의 요구가 높아지면서 이를 통일적으로 관리할 연방국가로의 이행이 이루어진 것이다.

셋째, 연방제는 전체의 통일성과 부분의 다양성을 실현한 정치조직원리이다. 나라마다 연방제 실현의 수준과 단계가 다르다. 그러나 공통적인 점은 지역(지방)의 분권화를 통한 각 지역의 다양성 보장과 공동의 요구에 의거한 전체의 통일성을 실현하는 정치제도이다.

연방국가로 발전한 나라는 거의 다 다양한 민족, 언어, 종교, 관습과 문화의 차이성을 존중하고 통합한 경우이다. 나아가 중국과 홍콩처럼 사상과 제도면에서 차이가 나는 경우에도 연방제는 실현되었다. 이런 이유로 연방국가는 강력한 지방분권을 실시하여 다양한 세력의 공존을 보장하면서 전체로서 통일국가를 가능하도록 하는 것으로 평가된다.

이를 위한 연방제의 실현 원리는 철저한 민주주의이다. 연방국가는 지분국(지역정부)과의 권력 분할을 통해 권력 남용을 방지하고, 상호 견제로 잘못된 법 제정 및 집행을 견제한다. 또한 민족적, 지역적 대립이 있는 경우 이들의 자치를 보장하여 갈등을 풀어 나갈 수 있다. 때문에 민주주의에 충실할수록 연방제의 통일성, 통합성은 더욱 견고해진다. 스위스 내전, 미국 내전은 연방을 붕괴시키는 것이 아니라 오히려 연방 강화의 계기로 작용하였다.

연방국가가 이러한 다양성, 민주성, 공평성의 원리를 제대로 실행하지 못할 경우 오늘날 벨기에, 예멘 같이 다시 분란이 발생하고 연방제를 재조정해야 하는 문제에 직면한다. 또 미국처럼 연방정부의 기능과 역할이 지나치게 비대해질수록 연방에 대한 불신과 불만이 터져 나오기도 한다. 그러나 역사적으로 지분국(지역정부)의 연방탈퇴에 의한 연방제 붕괴로 이어진 사례가 없을 만큼 연방제는 민족과 국민에게 선호되는 사회정치제도이다.

연방제는 하나의 체제에서만 가능한가

남측의 보수수구세력은 연방제의 의미를 제대로 파악하려 하지 않고 한반도의 연방제는 북측의 '적화통일'전략에 의한 '한반도 공산화 통일방안'이라고 주장하고 있다. 그들이 북측이 제안한 연방제를 거부하는 이유를 살펴보면 크게 두 가지이다. 하나는 연방제는 한 체제 아래서만 가능한 제도로서 어느 나라도 체제가 다른 상태에서 연방제를 실시한 사례가 없다는 것이고, 다른 하나는 연방제로 하나의 국가가 되면 북의 통일전선전략에 의해 남한이 적화된다는 것이다.

체제가 다른 상태에서 연방제를 실시한 대표적 국가는 중국이다. 중국은 건국 초기부터 민족통합을 목적으로 소수민족 자치정부를 세웠고, 홍콩, 마카오를 통합하였음에도 홍콩, 마카오의 기존 자본주의체제를 유지하는 사실상의 연방제를 실시하고 있다. 대만에 대해서도 이러한 '일국양제' 방식의 연방제 통일을 제안하고 있다. '일국양제'는 '일개국가 양종제도(一個國家 兩種制度)'의 줄인 말로 하나의 국가 안에 서로 다른 두 제도가 공존한다는 뜻이다.

일부에서는 중국도 자본주의화가 되었기 때문에 다른 체제 간의 통일이 아니라 같은 체제 간의 통일이라고 주장한다. 그러나 중국은 국가적으로 명확히 사회주의를 내세우고 사회주의 정치체제를 유지하고 있다. 경제제도 면에서도 중국은 자본주의라 하지 않고 '사회주의 시장경제'라 규정하고 자본주의적 요소와 사회주의적 요소를 결합하고 있다. 따라서 겉으로 드러나는 중국의 자본주의적 현상만을 가지고 체제가 변화했다고 바라보는 것은 제한적 시각이다.

중국이 제시한 연방제와 북측이 제시한 연방제의 배경은 체제가 다른 조건에서도 민족과 영토의 통일을 이룬다는 점에서 같다. 차이점은 중국이 중앙정부를 중심으로 홍콩, 마카오 등과 수직적으로 관계를 맺는 반면 북측은 남북이 평등하게 중앙정부를 세우고 수평적으로 연방제를 실시하자고 하는 점이다.

나아가 사회주의를 표방하는 많은 나라들은 경제제도를 자본주의적으로 운영하여 세계의 많은 자본주의국들과 교류하고 있다. 중국은 물론 베트남, 베네수엘라, 쿠바 역시 자본주의 경제제도를 활용하고 있다. 북한 역시 이집트의 오라스콤과 휴대폰 합작 사업을 하는 것을 비롯하여 외국자본 유치를 위해 세계 곳곳에서 투자 설명회를 개최하고, 경제특구, 경제개발구 등을 세워 자본주의적으로 운영하고 있다. 개성공단 합작사업은 체제가 다른 조건에서도 경제협력 사업을 얼마든지 성공적으로 수행할 수 있음을 보여준다.

이렇듯 한 나라에서 두 가지의 다른 사회경제제도가 공존할 수 있음을 이미 많은 나라들이 보여주고 있다. 남측의 보수수구세력들은 한 나라에서 두 개의 다른 사회경제제도가 공존하는 것은 인정하면서도 체제가 다른 국가들이 하나의 연방국가가 되어 두 개의 체제가 공존할 수 있음은 인정하지 않는다. 똑같은 내용을 순서만 바꾼 것인데 전자는 인정하고 후자는 부정한다. 전형적인 자기모순이다. 이런 주장은 한 나라는 하나의 체제여야만 한다는 과거 냉전적 시각을 못 벗어난 것으로 사실상 통일보다는 분단과 대결을 유지하자는 주장이다.

연방제는 북의 적화통일전략인가

남측의 보수수구세력은 연방제를 북측이 남측을 적화통일 하기 위한 수단이라고 주장한다. 그들은 연방제가 북이 통일전선전략의 일환으로 남측을 적화시킬 목적으로 제안된 것이기에 거부해야 한다는 것이다.

연방제의 기본 성격은 민족, 종교, 사상, 제도가 지역마다 달라도 그 차이성을 존중하면서 전체의 통일성을 실현시키는 정치제도이다. 즉 무리하게 하나의 종교, 사상, 제도로의 통일을 추진하기보다 상당기간 공존하면서 하나의 국가로서 유지하는 것이다. 적어도 현재까지 지구상 어느 연방국가도 연방제를 폐지하고 단일정치체제 국가로 전환한 사례는 없다.

보수수구세력은 '북한의 통일전선전략이란, 남한의 지배층과 외래자본을 반대하는 데 이해관계를 같이하는 노동자, 농민 그리고 민족자본가, 소자산계급, 지식인, 종교인 등 각계각층을 민족통일전선에 끌어들여 정권을 장악하려는 것'이라고 주장한다. '연방제는 이러한 통일전선전략의 일환으로 남한을 분열시켜 남북 체제경쟁에서 북이 우위를 차지하고 나아가 남한 정권을 장악하여 적화통일을 용이하게 하려는 수단'이라는 것이다. (조갑제, '북한의 연방제 통일방안은 대남 적화 통일 전술', 〈조갑제닷컴〉 2001.8.1)

이런 주장은 남한에서 벌어지는 지배층의 반민주적, 외세의존적 정책에 반대하는 대중의 투쟁을 마치 북의 전략에 따라 움직이는 '종북주의'인양 몰아가려는 의도를 드러낸 것이다. 심지어 이들은 진보정당과 중간개혁정당 간의 선거연대조차도 종북주의 추종이라고 비판하고, 김대중 정부의 '햇볕정책'도 이적행위라고 몰아세운다.

남한에서 민주주의를 실현하고 외세의존적 정책에서 탈피해 자주적인 정책을 실시하자는 것과 남한을 사회주의화(공산화)하는 것은 전혀 다른 문제이다. 자국의 정책을 자주적으로 결정하는 미국, 러시아, 프랑스 등을 비롯하여 인도, 브라질 등의 나라들이 사회주의화되지 않듯이 남한 역시 민주주의를 실현하는 것이 사회주의로 나아가는 것과는 전혀 상관없는 일이다.

특히 연방제는 적화통일이든 승공통일이든 어느 하나의 체제로의 통일을 반대하는 정치제도이다. 체제공존을 핵심가치로 하는 연방제는 보수수구세력이 주장하는 적화통일과는 아무런 관계도 없다.

그들이 연방제에 대해 병적인 거부감을 보이는 것은 북한이 주장하고 있다는 단 하나의 이유다. 그들은 북한이 뭔가 계략을 가지고 연방제를 제안하고 있다고 보는 것이다. 그들은 연방제의 정치원리와 국제적 사례들에 대해 깊이 살펴보려 하지 않는다. 만약 그들이 조금만 합리적 시각을 가지고 최소한 중국이 진행하는 일국양제 방식의 연방제 모델이라도 연구한다면 그렇게까지 병적인 거부감을 보일 이유는 없을 것이다.

한편 이들은 자유민주주의 체제는 사회주의와의 경쟁에서 이미 승리하였고 압도적으로 우월한 체제라고 주장한다. 남측의 경제력이 북측의 경제력에 몇 십 배이고 북이 개혁개방만 하면 남측의 발전상이 북측에 알려져 내부에서 불만세력이 성장할 것이고 결국 북이 붕괴할 것이라고 주장한다. 만약 그렇다면 남북의 연방제는 《조선일보》의 '통일이 미래다'의 주장대로 남측의 우월한 경제력이 북측에 들어가 북을 개혁개방시키는 좋은 환경을 제공할 것이다. 체제가 우월하고 경제력이 압도적이라면 남측이 적화통일을 우려할 것이 아니라 거꾸로 북측이 이른바 자유민주주의로의 통일을 우려해야 하는 것 아닌가.

남측이 우월한 체제, 우월한 경제력, 우월한 군사력을 갖고 있다는 주장을 하면서도 적화통일을 우려하기에 연방제를 반대한다는 것은 근거도 약할 뿐만 아니라 자기모순이다. 이는 결국 현재의 분단 상태를 유지하거나 아니면 화해와 단결보다는 대결과 대립을 계속 유지하겠다는 의도인 것이다. 이들은 분단의 유지가 자신들의 기득권을 지키는 확실한 방안이라고 보는 것 같다.

3. 연합연방제, 유일한 한반도 평화통일방안

1) 남의 연합제와 북의 낮은 단계 연방제의 공통성

남한의 '연합제'와 북한의 '낮은 단계 연방제'의 공통성은 다음과 같다.

① 남북은 상호 현행의 이념과 체제, 제도와 정부를 존중한다. 남북 정부는 각각 정치, 군사, 외교권을 갖는 2체제2정부를 유지하면서 통일 지향의 공동 기구를 갖춘다. 남한은 공동기구로서 남북정상회의, 남북각료회의, 남북평의회 등을, 북한은 민족통일기구를 제안하였다.

② 남북은 점진적, 단계적으로 통일을 완성해 나간다. 연합제와 낮은 단계 연방제의 공통성에 의거한 통일은 과도적 성격의 조치이다. 이를 위해 남북은 정치, 군사, 경제, 사회, 문화, 학술 등 분야별 대화와 협력을 통해 통일 기반을 넓혀 나간다.

이런 공통성에 기초한 통일방안을 북한에서는 '연방연합제'라 하고, 남한에서는 아직 공식화된 표현은 없지만 '연합연방제' 또는 '연방형연합제'라 한다.

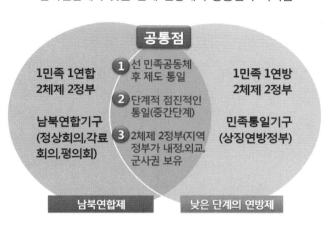

남북연합제와 낮은 단계 연방제의 공통점과 차이점

2) 연합연방제는 과도적 성격의 초보적 통일

연합연방제가 완성된 통일형태는 아니다. 연합연방제는 잠정적, 제한적, 미완성형의 통일이다. 따라서 연합연방제는 완성된 통일로 나아가는 과도적 성격을 가진 통일방안이다.

남한의 일부 연구자들은 연합연방제의 과도적 성격을 근거로 통일 형태는 아니라고 주장한다. 하지만 통일인가, 아닌가는 결국 하나의 국가인가, 두 개의 국가인가의 문제이다. 과도기인가, 아닌가는 통일의 단계와 수준의 문제이지 통일 여부를 가름하는 기준일 수 없다. 즉 낮은 수준의 통일 형태에서 높은(완성된) 수준의 통일 형태로 나아가는가, 아니면 두 개의 국가가 서로 협력하다가 어느 시점에서 완성된 통일을 이루는가의 여부인 것이다.

6·15공동선언은 두 국가 간의 협력방안을 합의한 것이 아니다. 6·15공동선언은 통일과정에서 남북의 차이를 최소화하기 위하여 남측의 통일방안인 연합제와 북측의 통일방안인 낮은 단계 연방제의 공통성에 의거해 통일방안을 합의한 것이다. 즉 낮은(공통적) 수준에서나마 전 민족이 동의할 수 있는 통일을 실현하고, 이를 점차 완성시켜 가는 길을 합의한 것이다.

또 일부 연구자들은 6·15공동선언은 '통일의 방향성'을 합의한 것이지 '통일방안'을 합의한 것이 아니라고 주장한다. 그렇기 때문에 6·15공동선언 2항을 통일방안 합의라고 보는 것은 잘못이라는 것이다. 그러나 비록 구체적이지 않다하여도 방안이 포함되지 않은 방향성은 모래성에 불과하다. 더구나 수십 년간 통일방안에 대한 제안을 반복적으로 내놓은 두 당사자가 방안에 대한 고려 없이 방향성만을 세상에 내놓았다고 본다면 그것은 지극히 제한적인 시각이다.

물론 연합연방제에서는 지역정부가 외교권과 군사권 등 대외적 주권을 갖고 있는 조건에서 완성된 의미의 통일정부가 구성되기는 어렵다. 연합연방제에서는 남북공동기구를 거쳐 제한적 성격을 가진 통일정부가 구성될 것이다. 즉 외교권과 군사권은 없지만 국호와 국기를 제정하고, 남북 간 공동의 이해가 걸려있는 외교, 군사적 사안에 대해서는 단일 국가의 이름으로 공동 대처해 나갈 수 있을 것이다. 이런 의미에서 연합연방제는 '과정으로서의 통일'이다.

국호와 관련해서는 중앙정부가 없는 상태에서라도 이집트와 시리아의 '국가연합'인 '통일아랍공화국'(United Republic of Arab. 1958~1961) 사례에서 보듯이 대외적으로 단일 국호를 사용할 수 있다. 국적 문제는 '연합연방제' 초기에 남북 주민은 남북 각각의 국적을 갖고 더불어 '대외적 단일 국호 시민권'(혹은 가칭 '한반도 시민권') 등을 보유하여 자유로운 왕래를 실현하고 이후 점차 하나의 국적으로 통합하여 갈 것이다.

연합연방제의 이 과정은 빠르게 진행될 수도 있고 다소 시간이 걸릴 수도 있다. 초기 국제적인 체육행사에서부터 단일팀 구성 경험을 살려 단일국가로 참여하면서 점차 그 범위와 수준을 높여갈 수 있겠다. 이런 의미에서 연합연방제는 '초보적 통일'이라고 할 수 있다.

3) 남북공동기구는 통일정부의 기초

연합연방제 단계에서 북측은 민족통일기구로, 남측은 남북정상회의, 남북각료회의 등으로 제기한 남북공동기구는 연합연방제의 성패를 좌우할 핵심 요인이다.

남북은 이 기구를 남북 동수로 구성하고 거기에 해외동포 대표까지를 포괄하여 통일 지향의 남북공동기구로 구성할 것이다. 연구자들은 민족통일기구를 남북정상회의와 남북각료회의, 각료회의 아래에 정치, 경제, 군사, 문화, 사회 등 분야별 공동위원회로 구성할 수 있다고 본다. 즉 민족통일기구와 남북 간의 각급별 회의 체계를 통합한 방안이다. 각 분야별 공동위 구성은 사실상 1991년 체결된 '남북기본합의서' 이행 체계의 실현이다.

남북공동기구는 남북 간의 현안과 전망에 관한 사안을 합의해 나감으로써 점차 중앙정부(통일정부)로서 위상을 세워나갈 것이다. 이를 구체적으로 살펴보면 다음과 같다.

① 통일헌법을 준비해 나갈 것이다. 이후 완성된 통일 실현을 위한 통일헌법이 남북공동기구 내의 합의와 전 민족적 동의 과정을 밟게 될 것이다. 여기에 국호, 국기 등도 포함된다.

② 정치분야에서 중앙정부의 구성과 권한 및 역할, 지역(지방)정부의 구성 및 권한, 의회 구성, 시기와 방법 등이 논의될 것이다.

③ 군사분야에서 남북 간의 군축, 상대를 겨냥한 군사훈련 중지, 외부 무기 반입 금지 등의 군사적 신뢰 구축 과정이 진행될 것이다.

④ 외교분야에서 남북의 공동 이해가 걸려있는 외교적 사안에

〈표 9〉 남북공동기구 수행 과제

사안별 수행 과제	주요 내용	비　고
통일헌법 제정	단일 정치체제 혹은 연방헌법 합의, 중앙정부와 지방정부 권한과 책임, 통일대통령 권한과 선출방식, 의회 구성, 남북주민의 인권, 국호, 국기 제정 등	민족적 합의와 지지에 의거한 통일헌법 구성
정치분야	중앙, 지방 정부 역할과 책임, 정부 구성 방식, 의회 구성 시기와 방법, 정당의 결성, 역할과 책임	선거를 통한 전국적 범위에서의 의회 및 지방정부 구성, 정당 결성 및 활동의 보장 및 책임, 한계 규명
군사분야	남북간의 군축, 서로를 겨냥한 군사훈련 중지, 징병제 폐지, 외부무기 반입 금지, 군대 인원 조정, 방위선 신규 설정, DMZ 성격전환	군민일체의 군사문화, 남북 방위 공동 책임, 서해평화지대 공동 보장 등
외교분야	남북공동 사항 공동 대처, 유엔 단일 국호 가입 여부 결정, 유엔 등 국제기구 참가 및 활동 공동 대처. 국제 동맹 혹은 블록 참가 공동대처, 중립화 추구	민족공동사항 공동대처 원칙. 가능한 한 빠른 시일 내 유엔 단일국호 가입.
경제분야	금강산 관광, 개성공단 확대, 대규모 합작, 합영사업 전개, 국제적 한반도 경제 발전 계획 입안 및 공동 실행	높은 기술과 산업 운영 통합, 농업과 광업의 조화 가능, 한반도 세계적 물류 중심지
문화, 학술, 체육분야	남북 통일팀 구성. 체육대회를 비롯 국제 학술, 문화 대회 통일팀 구성 대응. 해외 동포 통합	연극, 영화, TV물 공동제작, 언어, 역사 등 학술교류와 언론교류, 체육 단일팀.

대한 공동 대처, UN을 비롯한 각종 세계기구 내에서의 민족적 사안에 대한 공동 대처 등이 진행될 것이다.

⑤ 경제분야에서 남북이 공리, 공영의 원칙에 의거해 기존 경제협력 사업(금강산 관광, 개성공단 등)을 뛰어넘는 대규모의 합작, 개발 사업을 전개하고, 동북아 등 세계 각지에서도 경

제적 성과 달성을 위해 공동보조를 취하게 될 것이다.

⑥ 사회문화 분야에서 학술, 방송, 연극, 영화, 체육 등 전방위적 교류협력이 강화되어 민족적 동질성을 회복하고 신뢰와 자부심을 높여 나가게 될 것이다. 해외 동포들을 하나로 묶는 사업 또한 공동으로 전개될 수 있을 것이다.

이처럼 남북공동기구는 남북관계의 현안을 조정하면서 점차 통일을 완성하여 나가는 지위와 역할을 가진 핵심 기구이다.

4. 연합연방제 실현의 경로

1) 3단계 실현 경로

한반도 분단이 시대의 변화에도 오랜 세월 유지되는 근본 원인은 남북 간의 대결만이 아니라 미국 등 외세의 이해관계가 직접적으로 작용하고 있기 때문이다. 따라서 한반도 통일은 독일이나 예멘 같이 민족 내부의 적대관계만이 아니라 북미 적대관계까지도 풀어 나가야 하는 중첩된 과제를 안고 있어서 어렵고 복잡하다.

연합연방제는 크게 3단계 과정을 거쳐 실현된다.

1단계는 남북, 북미간 적대정책의 폐기와 화해협력으로의 전환 단계이다. 적대정책은 단지 하나의 정책이 아니라 한반도 분단을 오랜 기간 유지해온 근본 요인이다. 적대정책을 폐기한다는 것은 남북관계의 질적 전환일 뿐 아니라 북미관계에서도 전혀 새로운 관계 수립을 의미한다. 아울러 미국의 대한반도 및 동북아 전략의 근본적 전환이기도 하다. 이러한 성격으로 적대정책은 처음부터 완전히 폐기되지 못하고 부분적, 단계적으로 시행되어 신뢰관계를 회복하면서 한반도 평화협정에서 완전히 청산될 것이다.

적대정책이 부분적으로라도 폐기되면 남북간의 화해협력 사업은 본격적으로 전개될 수 있다. 이미 개성공단, 금강산 관광을 비롯해 전방위적 교류협력 사업 경험을 갖고 있기에 남북의 화해협력은 비약적으로 발전할 수 있다. 또한 북미 간에도 신뢰를 높여나가기 위한 다양한 사업이 전개될 수 있을 것이다.

2단계는 한반도 평화협정 체결과 남북 연합연방제 실현을 위한 절차와 방식의 합의 단계이다. 한반도 평화협정(조약)은 한반도 평화체제의 핵심으로 한반도의 전쟁 상태를 종식하고 적대정책을 완전히 폐기하는 협정(조약)이다. 이 협정에 의해 북미가 관계 정상화의 길로 들어서면 남북 역시 더 이상 외세의 방해와 간섭 없이 연합연방제 실현을 위한 절차와 방식에 합의할 수 있다. 반대로 남북 화해협력이 본격화되면 평화협정이 체결되기 전이라도 남북은 연합연방제의 절차와 방식을 합의하고 평화협정 체결을 촉진할 수 있다.

3단계는 남북공동기구가 창설되고 동북아평화보장체제가 수립되는 단계이다. 남북은 남북공동기구를 창설하여 연합연방제를 실현하고, 국제적으로는 한반도 평화협정의 공고한 실현과 동북아의 항구적 평화를 담보할 동북아 안보협력기구가 건설될 것이다.

이러한 3단계 과정은 꼭 시간적인 선후 관계를 의미하는 것은 아니다. 남북 화해협력, 연합연방제 절차와 방식의 합의, 남북공동 기구 구성과 한반도 평화협정, 동북아안보협력기구 창설은 병행 발전의 관계이다. 연합연방제로 나아가기 위한 남북의 합의과정 과 한반도평화체제 수립을 위한 국제적 전개는 현실에서는 동시 적으로 진행될 가능성이 크다.

연합연방제와 한반도 평화체제는 연관되어 있지만 또한 구별된 다. 한반도 평화체제는 어디까지나 한반도의 항구적 평화를 보장 하고 군사적 대치를 종식하는 것이다. 그러나 군사적 대치를 종식 한다고 해서 남북이 바로 통일되는 것은 아니다. 남북 간에는 70 년 동안 서로 다른 발전 경로를 밟아온 만큼 그 간극을 좁히고 통 일을 실현하기 위한 남북 간 별도의 노력이 필요하다. 이런 의미 에서 한반도 평화협정이 연합연방제의 전제는 아니다. 거꾸로 남 북이 먼저 연합연방제의 길에 들어서서 한반도 평화협정과 평화 체제의 완성을 촉진할 수 있다. 양자는 병행발전의 관계이다.

하지만 연합연방제의 첫 발은 최소한 한반도 평화체제의 첫 단 계인 북미, 남북 적대정책의 폐기를 전제로 한다. 적대정책이 계 속되는 조건에서 연합연방제는 커녕 화해협력도 실현할 수 없다. 그런데 적대정책의 폐기는 한꺼번에 이루어지지 않는다. 수준과 범위에 따라 단계적으로 진행될 것이고 한반도 평화협정에서 최 종적으로 마무리될 것이다.

결국 연합연방제는 남북 협력과 한반도 평화체제 수립과정이 동전의 양면처럼 동시적으로 전개될 것을 요구한다. 그러나 통일은 어디까지나 우리 민족이 단결하여 이루어내는 것인 만큼 남북이 적대정책을 폐기하고 화해협력하는 것이 통일 실현의 중심축이다. 이를 위해서는 남북 정권이 연합연방제의 지향을 분명히 하는 민주적, 민족적 성격을 확고히 견지해야 한다.

한반도 평화체제는 ① 북미, 남북 간의 적대관계 청산 ② 한반도 평화협정 ③ 국제적 한반도 평화보장체계(동북아 안보협력기구) 등 한반도와 동북아의 항구적 평화를 담보할 수 있는 법적, 제도적 장치의 마련으로 실현된다. 이 세 가지의 핵심요소는 동시에 진행될 수 있고 또 분리되어 순차적으로 진행될 수도 있다. 특히 한반도 평화협정과 동북아 안보협력기구는 동시적으로 진행될 수 있다.

〈남북관계 개선방향 흐름도〉

과거·현재	개선방향	미래
동북아 긴장 관계 적대와 냉전	적대정책 폐기와 평화협정 체결	동북아평화체제실현
경제·사회·문화 협력 초기	정치·군사·경제·사회·문화 교류협력 전면화	남북 경제·사회·문화 공동체 건설
분단체제 남북통일방안 공통성 합의	남북연합연방제 위한 공동기구 구성. 법·제도 정비	통일국가 건설

2) 1단계 : 적대정책의 폐기와 화해협력의 실현

연합연방제 실현의 제1단계는 남북, 북미 간의 적대정책을 폐기하는 것이다. 이는 또한 한반도 평화체제 실현의 첫 공정이며, 화해협력과 평화협정으로 나가기 위한 전제이다.

적대정책은 처음부터 전면 폐기되면 좋으나 오랜 불신과 적대의식이 누적된 조건에서 현실적으로 한꺼번에 이뤄지기는 어렵다. 초기 적대정책 폐기의 실제적 조치는 부분적, 단계적으로 전개되면서 신뢰를 회복하고 이를 바탕으로 한반도 평화협정에서 완성될 것이다.

적대정책의 폐기란 전쟁 당사자인 북미, 남북 간의 오랜 적대관계를 청산하는 것이다. 이는 곧 대화와 화해협력으로의 관계 전환을 의미한다.

북미는 이미 적대관계 청산과 관계정상화에 대한 합의를 여러번 하였다. 1994년 제네바 합의, 2000년 북미공동커뮤니케, 2005년 9.19공동성명 등이 그것이다. 이 합의에서 북측은 핵 및 미사일 개발, 시험, 확산 중지 등의 조치 등을 취하고, 미국은 유엔 및 미국 독자의 대북 제재조치 해제, 북한 관련 제재 법률 개폐 등의 조치를 취하여 상호간의 정치, 군사, 경제적 적대관계를 끝내고 관계정상화를 이루기로 하였다. 그러나 이 합의들은 결국 제대로 이행되지 않았기에 그 실행여부는 한반도 평화체제 수립의 시금석이 될 것이다.

남북관계에서 적대관계의 청산이란 10·4선언(2007년)의 전면적 이행과 남측의 미국과의 관계 재정립이다. 6·15공동선언의 실천 강령인 10·4선언의 전면적 이행이란 ① 군사적 적대관계의 종식 ② 경제협력 사업의 활성화 ③ 사회문화 교류협력의 전면화 등이다. 남북은 이미 초보적 수준에서 적대관계 청산을 위한 실천적 경험을 갖고 있다. 금강산 관광과 개성공단으로 대표되는 화해협력사업은 적대관계 청산의 중요한 경험이다. 현재 5·24조치로 막혀있지만 적대관계를 푸는 첫 조치로 5·24조치 해제가 단행되면 둑이 터지듯 전방위적으로 남북협력 사업이 재개될 것이다.

무엇보다 연합연방제 실현을 위해서는 군사적 적대관계의 종식이 핵심이다. 군사적 대결이 상존하는 조건에서는 통일은커녕 화해협력사업조차 항구적으로 담보하기 어렵기 때문이다. 김대중, 노무현 정부 10년의 화해협력 경험은 정치, 군사적 적대관계 종식이 없는 조건에서의 화해협력은 제한적일 수밖에 없음을 보여주었다.

이렇기 때문에 남북은 10·4선언에서 "군사적 적대관계를 종식시키고 한반도에서 긴장완화와 평화를 보장하기 위해 긴밀히 협력하기로" 합의하였고, 그해 11월에 연 2차 남북 국방장관회담에서 "현 정전체제를 종식시키고 항구적인 평화체제를 구축해 나가기 위해 군사적으로 상호 협력하기로" 합의한 바 있다.(곽태환, 〈한반도 평화, 어떻게 이룰 것인가〉, 《통일뉴스》, 2014.11.26)

그러나 군사적 적대관계의 종식은 필연적으로 미국과의 관계 재정립을 요구한다. 미국은 남한의 군작전권을 갖고 있고, 대량의 살상무기를 배치하면서 해마다 북한을 향한 공격형 한미합동군사훈련을 벌여 한반도에 일상적인 군사적 긴장을 조성하고 있기 때문이다.

따라서 남북 적대관계 청산을 위해서 남측은 반드시 한미합동군사훈련을 중단하고, 미국이 갖고 있는 한국의 군사주권(군작전권)을 회복해 나가야 한다. 그리고 다음 2단계인 한반도 평화협정 과정과 연계되어 진행되겠지만 미국과 체결된 각종 불평등한 조약(협정)들의 개폐와 북한을 반국가단체(적)로 규정한 국가보안법을 폐기해야 한다. 북한 역시 남한 정부에 대한 비난과 핵과 미사일 시험 발사 훈련 등을 중단해야 한다.

역사가 보여주듯 남측 정부가 북과 통일 실현을 위한 화해협력 정책을 실시하려고 해도 미국이 남측에 대한 군사 작전권을 발동하여 북과 군사적 대결행위를 고집한다면 화해협력은 어렵다. 실례로 2014년 남북은 이산가족 상봉을 합의하면서 남북 고위급회담을 열기로 하였지만 그 직후 미국이 F22를 출격시켜 한반도에 핵폭탄 투하 연습을 벌여 합의 이행에 난관을 조성하였고, 합동군사훈련을 강행하여 남북대화를 어렵게 만들었다.

이것은 설사 남북이 화해협력을 위해 노력한다고 해도 미국이 계속 남한의 군사주권을 보유하고 미군을 주둔시키며 남한의 정치, 군사부문에 간섭한다면 남북의 통일 실현은커녕 화해협력조차도 제대로 실행되기 어려움을 보여준다.

반면 역사는 미국이 대북 적대정책을 부분적으로라도 완화하면 남북 관계는 비약적으로 발전할 수 있음을 보여주었다. 6·15공동 선언은 북미간 미사일 관련 합의(1999년 9월 베를린 합의- 북의 미사일 시험발사 유예와 미국의 대북 경제재제 해제)와 대북 화해를 권고한 페리보고서 등에 의해 북미간 관계정상화 흐름이 구체화되는 환경에서 천명되었고, 10·4선언 또한 부시 정권이 임기 말에 종전선언을 제기하는 등 그간의 적대정책 흐름을 완화하는 조건에서 이루어졌다.

이렇듯 북미 적대관계가 유지, 강화되면 남북 적대관계 해소나 관계발전이 어렵고, 북미 적대관계가 완화되면 남북관계는 상당한 발전을 이룰 수 있다. 이는 남북 적대정책의 폐기 내지 완화가 북미 적대정책의 폐기 내지 완화와 밀접한 관련을 갖고 전개되고 있다는 것을 보여준다.

그럼에도 주목할 점은 김대중, 노무현 정부 시기 남북의 정부가 힘을 합쳐 화해협력 사업을 전개하자 당시 새로 선출된 부시 정부는 이를 불만스러워 하면서도 끝내 중단시키지는 못하였다는 사실이다. 미국이 남한에 지배적 영향력을 행사하지만 남북이 뜻을 모아 통일 실현을 위한 사업을 펼쳐 나간다면 미국 역시 어쩔 수 없이 그에 맞게 대응하게 된다는 것을 역사는 보여주었다. 이런 점에서 남북 정부의 통일 실현을 위한 적대관계 해소 의지는 무엇보다 중요하다.

현 시기 연합연방제와 한반도 평화체제 실현을 위한 1단계의 첫 조치는 북미, 남북 간의 적대관계를 일시적이나마 중단하도록 하는 것이다. 미국은 한미합동군사훈련의 중단, 사드 남측 배치의 철회를, 남측은 5·24조치의 해제와 삐라살포 중단을, 그리고 북측은 핵 및 미사일 시험 발사 중단 등을 천명하여 서로 대화와 협상을 위한 환경을 조성해야 한다. 최소한 이 정도만 되어도 남북 간의 대화와 각종 협력사업이 재개될 수 있을 것이고, 북미 간에는 적대정책의 완전한 폐기와 한반도 핵 문제 등을 두고 다시 논의를 시작할 수 있을 것이다. 필요하다면 6자회담 등 다자회담도 열릴 수 있을 것이다.

회담이 재개되면 이전처럼 시간만 끌고 별 성과도 내지 못하는 모습이어서는 안 된다. 이를 해결하는 방안은 이미 중국이 2013년 9.19공동성명 10주년 기념식 자리에서 제안하였듯이 선 정상회담을 통해 큰 틀에서 합의를 이루고 이후 실무적으로 보완하는 길이다. 이는 지난 6자회담에서의 선 실무회담 합의가 위로 올라가면서 뒤집어지는 경험을 반복하지 않기 위해서이고, 시간을 단축하기 위해서이다. 이미 북미, 남북 간에는 정상회담이 제안된 상태이다.

북미, 남북 간에 한반도 평화체제와 통일 관련 정상회담이 먼저 이뤄진다면 한반도 정세의 획기적인 변화가 시작될 것이다. 정상들 간의 원칙적 합의는 적대정책을 폐기하고 남북, 북미 간의 화해협력 사업을 빠르게 궤도에 올릴 수 있을 것이다. 아울러 동북아의 새로운 질서를 예고하면서 한반도 평화체제는 탄력을 받을 것이다. 동시에 연합연방제 실현도 일정에 오르게 될 것이다.

3) 2단계 : 한반도 평화협정과 연합연방제 절차와 방식의 합의

한반도 평화체제 실현은 70년 간의 분단구조를 허물 결정적 전환의 계기이다. 이는 세계사에서 냉전의 마지막 유물을 없애는 것이요, 관련국들이 자유롭고 평등하게 교류하고 협력하면서 발전해 나갈 수 있는 동북아의 새로운 질서를 형성하는 것이다.

한반도 평화체제는 한반도 평화협정을 핵심으로 한다. 한반도 평화협정은 한반도의 냉전적 분단구조를 허무는 결정적 계기이다. 남북미 간의 적대정책 폐기가 부분적으로라도 실현되면 곧 이어 한반도 평화협정으로 가는 길이 열리게 된다. 한반도는 더 이상 미국의 동북아 패권을 위한 군사거점이란 지위에서 벗어나게 될 것이다. 이에 따라 남측은 군사주권을 회복하고 남북은 미국의 영향력이 현저히 약화된 조건에서 자주적이고 평화적으로 연합연방제 실현으로 나아갈 수 있다.

한반도 평화협정은 통일 실현에 외세의 부당한 간섭을 막을 수 있는 법적, 제도적 조건을 갖춘다는 점에서 통일 3대 원칙 가운데 '자주'의 원칙을 구현한 구체적 형태라고 할 수 있다.

평화협정이란 전쟁 당사자들 사이에서 전쟁상태를 완전히 끝내고 이제 평화적으로 지낼 것을 합의하는 것이다. 북미 간 적대관계의 완전한 청산은 부분적 선행 조치 이후 평화협정 체결을 통해 완성될 것이다. 평화협정은 ① 전쟁상태의 완전한 종식 ② 전후처리 ③ 적대관계 청산 ④ 관계정상화 등을 핵심 내용으로 한다. 평화협정 당사자와 관련하여 일부는 정전협정 당사자인 북측과 미국, 중국을 주장하지만 남측 역시 참가하여야 할 것이다. 남측 역시 한반도 평화 실현의 당사자이기 때문이다.

한반도 평화협정의 체결은 한반도에서 차지하는 미국의 지위와 관련, 결정적 전환의 계기이다. 미국이 대북 적대정책을 폐기하고 평화협정을 체결한다면 북의 남침 위험을 근거로 남측과 체결한 한미상호방위조약은 존립 근거를 잃게 된다. 또 이 조약에 근거한 주한미군의 존재 역시 명분을 상실하면서 미국의 남측에 대한 지배적인 정치, 군사적 영향력은 현저히 약화될 수밖에 없다. 이에 따른 주한미군 철군 일정이 가시화되고 남측은 군사주권을 회복하게 된다.

한반도 평화협정의 체결은 미국의 대한반도, 동북아 정책의 근본적 전환을 의미한다. 미국이 한반도에서 냉전질서를 지속하며 누려온 동북아에서의 패권을 내려놓고 관련국들 간의 우호적인 협력관계를 축으로 하는 새로운 동북아질서를 인정하는 것이다.

또 한반도 평화협정은 분단질서를 허무는 분수령이 될 것이다. 북미 간의 적대관계가 청산됨에 따라 남북관계 역시 적대관계를 완전히 청산하고 남북은 질적으로 새로운 화해협력과 연합연방제로의 발전을 촉진하게 될 것이다. 자주의 실현은 한반도의 진정한 평화와 민족대단결 실현의 기초가 된다.

일부 연구자들은 평화협정의 이런 성격에 주목하여 평화협정 항목에 통일방안까지 포함해야 한다고 주장한다. 그러나 통일 문제는 어디까지나 남북이 합의하고 진행할 성질이지 전쟁 당사자 사이에 논의할 사안은 아니다. 평화협정은 본래 임무인 전쟁 종식에 집중하고, 통일 문제는 별도로 남북이 책임지고 주인답게 풀어나가야 한다.

관변 연구자들은 평화협정에 대해 남북이 중심이 되고 중국과 미국이 보증하는 '2 + 2방식'으로 체결해야 한다고 주장한다. 이런 견해는 한마디로 한국전쟁에 미국의 직접적 책임이 없다고 보는 것이다. 마치 중국이 북한에게 했던 것처럼 미국 역시 남한을 도우러 들어온 지원군이라는 시각이다.

그러나 한국전쟁에서 중국과 미국의 지위는 완전히 다르다. 미국은 한국전쟁의 책임자이다. 미국은 전쟁의 총사령관으로 전쟁을 지휘했고 세계 각국의 연합군을 편성하여 전쟁에 참여시킨 장본인이다. 이들에 대한 지휘권도 미국에 있었다. 따라서 미국은 전쟁의 책임자이자 당사자이다. 평화협정에 미국은 전쟁 당사자이자 책임자로서 참여해야 한다.

이 단계에서 남북은 별도로 연합연방제의 구체적 절차와 방식을 합의하게 된다. 남북 적대관계 해소와 광범한 화해협력 사업이 전개되면 설사 평화협정이 체결되기 전이라도 남북은 연합연방제의 길로 나아갈 수 있다. 만약 남북이 먼저 연합연방제 실현을 위한 절차와 방식에 합의하게 된다면 거꾸로 평화협정의 체결을 촉진하게 될 것이다.

연합연방제에 대한 구체적 실행 합의와 평화협정 체결과정은 병행적으로 전개된다. 이 과정에서 남측은 미국과 맺었던 군사적 불평등 조약만이 아니라 정치, 경제적 불평등 조약, 협정을 재검토하고 미국과의 평등한 조약, 협정으로의 전환을 진행하게 될 것이다.

4) 3단계 : 남북공동기구 창설과 한반도 평화체제의 완성

남북공동기구의 창설은 기나긴 분단 역사에 종지부를 찍는 연합연방제 실현의 결정판이다. 남북은 통일 실현의 상징인 남북공동기구의 창설을 통해 낮은 수준에서 통일을 실현하는 것이다.

이 단계에서 남측은 미국과 관계를 평등하게 재정립하게 되고 북측 역시 미국은 물론 일본과도 관계를 정상화하게 될 것이다. 일본과의 수교는 현재 이미 협의가 진행 중이기에 미국보다 먼저 실현될 수도 있다. 일본은 미국이 중국에 대한 제재를 완화하고 관계정상화에 나서자 미국보다 먼저 중국과 국교를 정상화한 (1973년) 바 있다. 이러한 한반도 주변국과의 상호 승인의 완성은 한반도 평화체제의 마지막 단계인 동북아 평화보장체제의 조건이 된다. 북미, 북일 간 상호 승인이 안 된 조건에서 관련국들이 모여 공동의 평화보장체계를 수립할 수는 없기 때문이다.

한반도 평화체제의 마지막 단계는 주변 관련국들과 유엔이 함께 (가칭)'동북아안보협력기구' 같은 동북아에서의 항구적 평화를 담보할 국제적 평화보장체계를 구축하는 것이다. 이는 이미 2005년 9.19공동성명에서 합의 발표한 사항이다. 이 체계가 유효한 것은 역사적으로 수많은 평화조약이 체결되었지만 합의 내용이나 이행과정의 불만 등으로 조약문이 휴지가 되어버린 사례가 적지 않기 때문이다. 그런 의미에서 한반도 평화협정을 국제적으로 보장하고, 나아가 동북아의 평화번영을 담보할 국제기구를 창설하는 것은 중대한 의의를 가진다. 나아가 이 기구는 동북아의 새로운 평화질서를 보여주는 상징이 될 것이다. 이와 관련해 2014년 중국은 '아시아 교류 및 신뢰구축 회의(CICA)'를 안보협력기구로 격상시켜 "아시아의 안보는 아시아인이 지킨다'는 구상을 제안하였고, 러시아 역시 동아시아 정상회담 메카니즘의 일환으로 아태지역의 안보, 협력 체계를 새롭게 설립할 필요성을 제기하고 이의 실현을 위한 아시아 각국과 회담을 진행하고 있다.

〈연합연방제 실현 경로〉

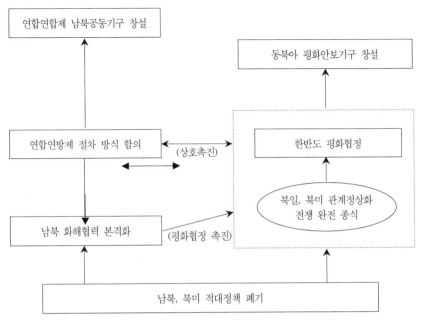

5. 연합연방제 - 민족의 평화번영을 담보한다

  연합연방제 실현은 일찍이 우리가 겪어보지 못한 격동과 환희에 찬 새로운 미래를 열게 될 것이다. 2009년 미국의 골드만삭스 증권은 한반도가 통일이 되면 국민총생산 규모가 일본, 독일, 프랑스 등 주요 G7을 능가하는 세계 5대 강국 안에 들 것이라고 예측하였고, 2015년 4월 미국의 랜드연구소는 "통일이 되면 아시아에 한반도라는 거대한 호랑이가 탄생할 것"이라는 전망을 내놓았다.

  한반도에 낮은 수준이나마 통일이 실현되면 우리에게 어떤 변화가 올 것인가를 예측해 보면 다음과 같다.

  무엇보다 과도한 군사비는 남북 모두 정상적인 국가 발전을 저해하고 왜곡해 온 핵심적 요인이다. 한반도 통일은 군축과 국방비 절감을 가져와 복지향상, 경제발전이라는 통일국가의 목표에 맞게 사용할 수 있다. 한 해 수십조에 달하는 군사비를 줄이면 남측만 하더라도 대학과정까지 무상교육은 물론 무상의료까지도 실현할 수 있다. 교육과 의료 부담의 해방은 세계 제일의 자살율을 줄이고 세계 최저 수준의 출산율을 다시 높이게 할 것이다. 또한 징병제를 폐지함은 물론 최저임금을 올리고 새로운 경제발전 영역에 투자하게 하여 국민의 생활수준을 더욱 높이는 데 기여할 것이다.

남북의 경제협력과 관계발전은 이미 수십 차례 제기되었듯이 한반도 전체의 비약적 발전을 담보함은 물론 세계적인 경제강국으로 자리매김하게 만들 것이다. 북측의 석유, 희토류 등을 비롯한 막대한 지하자원과 CNC, 위성발사 등의 첨단 기술, 남측의 중·경공법 산업발전과 무역 능력, 농업 등을 축으로 하는 통일 경제는 기존 합작 사업의 범위를 뛰어넘는 대규모의 경제협력사업을 발전시킬 수 있다. 또한 통일 한반도는 대륙과 해양을 잇는 요충지로서 전 세계적 물류가 집결하는 중심지로 거듭날 것이다.

통일 한반도는 정치적 측면에서도 더 이상 외세에 의존하지 않는 자주적 입장을 견지하고 높은 수준의 민주주의와 인권을 실현하게 된다. 민족적 단결을 강화하고 평화를 담보하기 위해서는 민족 내부의 소통과 이해를 높이고 구동존이(求同存異)하여야 한다. 이를 위해서는 반드시 민주주의가 제대로 구현되어야 한다. 또한 지역정부의 분권을 보장하면서 통일정부의 통합성을 높이기 위해 민주주의는 높은 수준에서 이뤄지게 될 것이다. 이런 점에서 통일 한반도는 명실상부 세계 정치사에 모범으로 자리매김하게 될 것이다.

통일 한반도는 연합연방제라는 인류사 최초의 통일을 실현한 역량을 바탕으로 낮은 수준에서 높은 수준의 통일로 발전해 나갈 것이다. 통일 한반도는 자체의 힘 있는 정치력, 국방력, 경제력을 바탕으로 세계가 공히 인정할 수밖에 없는 중립화를 실현하여 지정학적으로 세계의 중심지가 될 것이다.

제8장   우리는 무엇을 할 것인가

"평화와 통일을 바란다면, 남북 간 합의를 지지하고 널리 알리는 일을 해야 할 것이다. 공동선언에서 합의한 대로 남북교류를 촉구하고 공동행사에 참여하는 것은 그 첫걸음이 될 것이다. 누구에게나 참여의 기회가 열려 있는 행사들부터 성사시키자. 천리 길도 한걸음부터라고 했다. 만나는 것에서부터 통일은 시작된다."

1. 남북의 차이에 대한 이해와 존중

한 사회를 인식하고자 할 때 흔히 되풀이하는 오류가 특정 사회의 기준을 절대시하여 상대 사회를 판단하는 것이다. 문화적, 역사적 과정과 토대를 존중하지 않고 문화적, 이념적 경험을 가지고 재단하는 것이다. 한국사회의 경우 강력한 반공, 냉전 이데올로기로 인한 사회적 검열이 강력한 위세를 떨치고 있기 때문에 북한에 대해서는 이러한 경향이 더욱 심각하다.

그러나 북한은 우리와 무관한 타자가 결코 아니다. 평화와 통일의 한 당사자이다. 민족화해와 통합의 시각으로 북한을 바라보아야 하는 이유이다.

함께 살아갈 동반자가 아니라면 적대적 감정이나 불신, 왜곡된 인식이 크게 영향을 미치지 않을 수 있지만, 함께 살아갈 동반자라면 최대한 공통분모를 찾아내고 서로를 존중하는 마음을 갖기 위한 인식의 토대를 만들어 가야 한다. 자본주의사회에서만 살아오고 생각해 온 남쪽 사람들의 기준으로 사회주의국가인 북쪽의 사회제도와 상황을 평가하려고 해서는 공통분모를 만들어낼 수 없을 것이다. 더구나 스스로 선택하고 수십 년간 유지해 온 상대방의 체제와 제도를 아예 바꿔야겠다고 나선다면 갈등과 대결만 증폭될 뿐 화해와 협력으로 나아가는 것은 요원하다.

이렇게 볼 때 당장 개선되어야 할 것은 남북 간 교류를 정상화하고, 부적절한 대북보도를 개선하는 일이다.

북한사회의 안쪽을 직접 들여다보고 사회 구성원들과 만나지 못하고서야 어떻게 서로를 이해할 것이며, 어떻게 오랜 시간 쌓여 온 문제점을 해결할 수 있겠는가. 지속적인 교류는 상호 이해에도 직접적인 영향을 미친다.

서울대 통일평화연구소가 매년 실시하는 국민의식조사에 따르면 북한이 '적대대상'이라는 견해는 15.9%(95)→13.8%(98)→8.1%(99)→12.0%(03)→10.2%(05)→6.6%(07)로 계속 감소했다. 또 북한이 '경계대상'이라는 견해도 43.7%(95)→40.6%(98)→28.6%(99)→27.7%(03)→20.9%(05)→11.8%(07)로 지속적으로 줄어들었다. 반면 '협력대상'이라는 의견은 25.2%(95)→24.8%(98)→32.5%(99)→36.9%(03)→41.8%(05)→56.6%(07)로 계속 늘어났다. 이 같은 대북인식의 변화는 북한에 대한 인지도와 대북접촉 경험과 상당한 관련을 갖고 있는 것으로 분석되었는데, 결국 접촉이 많아지면 많아질수록 상호 이해와 신뢰도 높아진다는 것이다.

한편 제대로 검증, 확인되지 않은 무분별한 대북정보들이 증가하면서 나타나는 문제점도 심각하다. 최근 이른바 북한 '정치범수용소'의 인권침해 실태를 증언하여 유엔인권보고서에 큰 영향을 미친 '신동혁'의 증언도 거짓이라는 것이 폭로되어 큰 파장을 낳았다. 유엔인권보고서에서 가장 중요하게 거론하고 있는 인권침해사례들이 거짓으로 밝혀진 지금까지도 미국 인권대사는 신동혁의 거짓말은 극히 일부분일 뿐이라고 주장하고 있다.

그러나 보수적인 북한 전문가로 평가되는 안드레이 란코프 교수조차도 "평범한 탈북자들의 이야기는 아프리카와 남아시아의 수백만 명의 사람들의 이야기와 크게 다르지 않다", "가끔 북한의 고위층이 탈북하는 경우가 있지만, 자기들의 몸값을 올리려고 북한정보를 가공해서 발언할 때가 많다"면서, "문제는 이러한 정보들의 진위를 한국에서 확인할 방법이 거의 없다는 것이다. 따라서 탈북자들의 발언들에 대해서는 신중한 접근이 필요하다"고 강조할 정도로 왜곡, 과장, 허위가 난무하고 있다.

허상 위에서 상대방을 바라보는 지금, 제대로 된 이해나 협력은 요원할 수밖에 없다. 검증과정이 결코 쉽지 않은 일이기는 하지만, 그럴수록 독점된 정보의 '사실' 여부를 '검증'하고 '비판'하는 잣대를 내려서는 안 될 일이다.

2. 남북 합의사항의 이행과 적대정책의 폐기

　남북관계를 개선하고, 평화와 통일을 향해 나아가려면 화해와 협력을 위한 지속적인 노력이 필요하다. 지금까지 남과 북은 수십 년 분단 세월을 거치면서, 정권의 정치적 기조는 천차만별이었지만 화해와 협력, 평화와 통일을 위한 합의들을 꾸준히 만들어 왔다.

　새롭게 출발한다면, 그 시작은 바로 이 합의들이다.

　그동안 남과 북이 맺은 합의들은 모두 ① 통일의 원칙 ② 교류와 협력 ③ 정치, 군사적 신뢰조치 ④ 인도적 문제 해결 등의 내용을 담고 있다. 시대가 변화함에 따라 교류의 구체적 대상, 경제협력사업의 종류 등은 달라졌지만 각계가 만나고, 경제적으로 협력하면서 정치, 군사적 신뢰를 쌓아가야 한다는 큰 방향은 변함이 없었다. 그 중에서도 6·15공동선언과 10·4선언은 가장 다양한 분야의 공동사업을 담고 있고, 쌍방 정상의 합의라는 무게가 있는 만큼 기본적으로 이행되어야 할 가장 중요한 합의이다.

박근혜 정부 들어서도 남북간 합의가 있었다. 2014년 2월 15일, 고위급회담을 통해 상호 비방 중단에 합의하였는데, 일부 탈북단체들의 대북 삐라살포를 남한 정부가 허용하면서 남북대화에 계속 걸림돌이 되어 왔다. 2014년 아시안게임 직후 황병서 총정치국장 등 북한의 최측근고위급 3인방의 방문과 고위급회담 제안이 무산된 것도, 2015년 1월 남북 정상들이 대화제안을 했음에도 회담으로 이어지지 못한 것도 모두 대북 삐라살포 문제가 걸림돌로 작용했기 때문이다.

서로 약속한 사항조차도 이행하지 않으면서 남은 복잡한 문제들을 어떻게 풀어갈 수 있겠는가. 남북 간 합의사항의 이행 없이 관계개선이 가능하다고 생각하는 것은 어불성설일 뿐이다.

북한을 붕괴시키겠다는 전략 아래 추진하고 있는 대북 적대정책을 그대로 둔 상태에서는 평화와 통일을 제대로 진전시킬 수 없다. 설령 부분적으로 남북 간 합의들을 실천하더라도 상대방을 붕괴시키겠다는 적대정책을 근본적으로 바꾸지 않는다면 결코 진정한 관계개선을 이룰 수 없기 때문이다. 북한인권법 제정이나 대북 삐라살포는 북한 정권 붕괴를 표방한 대표적인 적대정책이다. 북한 정권에 대한 호불호는 있을 수 있지만 통일의 상대방, 정부간 접촉과 대화의 공식 파트너인 북한 정권을 붕괴시키고 체제를 전복하겠다는 정책을 펴는 상태에서는 서로 신뢰가 쌓일 리 만무하다. 그것은 결국 정치, 군사적인 갈등만 격화시켜 전쟁의 위험성을 고조시키는 '시한폭탄'일 뿐이다.

평화와 통일을 바란다면, 남북 간 합의를 지지하고 널리 알리는 일을 해야 할 것이다. 공동선언에서 합의한 대로 남북교류를 촉구하고 공동행사에 참여하는 것은 그 첫걸음이 될 것이다.

누구에게나 참여의 기회가 열려 있는 행사들부터 성사시키자. 천리 길도 한걸음부터라고 했다. 만나는 것에서부터 통일은 시작된다.

정부의 잘못된 대북정책을 비판하는 것도 중요한 일이다. 김대중 대통령은 "정부의 잘못은 모두가 공개적으로 비판해야 하지만 그렇게 못하는 사람은 담벼락을 쳐다보고 욕이라도 해야 한다"며 작던 크던 비판과 행동으로 나서야 한다고 호소한 바 있다.

작은 불씨가 모여 큰 들불이 되듯, 나비의 날개짓이 태풍으로 돌아오듯 각각의 작은 노력들이 합쳐져 큰 사회적 울림으로 발전하게 될 것이다.

3. 통일의 과정은 이미 시작됐다

70년 전 우리 겨레는 일본 제국주의로부터 독립하였으나, 분단으로 인하여 완전한 해방을 실현하지 못하였다. 강대국들의 개입과 간섭이 70년간 지속되었고, 그 과정에 수백만의 희생자를 낸 전쟁의 고통을 겪기도 하였다.

완전한 광복을 실현하지 못한 채 시간이 흐르면 흐를수록, 그 고통과 부담도 커지고 있다. 더 이상 미루거나 늦춰서는 안 된다.

남과 북이 대결하는 동안 주변 강대국들은 저마다의 이해관계에 따라 한반도를 희생양으로 삼으려 하고 있다. 강대국들의 각축을 뛰어 넘어 우리 겨레의 힘으로 '우리의' 미래를 개척하기 위해서는 가장 강력한 평화의 목소리, 가장 강력한 단합의 목소리를 만들어야 한다.

정부는 '통일준비'를 말하고 있지만, '민'이 배제된 상태의 '통일준비'란 분단세력의 장기집권 준비의 다른 말일 뿐 모두가 권리를 되찾는 통일이 결코 아니다.

'민'이 주인되는 통일, '민'의 권리가 실현되는 평화로운 한반도를 만들기 위해 함께 노력해 나가야 한다.

지금 세계는 미국 중심의 일극체제가 무너지고 새로운 다극체제로 나아가는 전환기에 서 있다. 한반도 평화체제, 동북아 평화번영체제는 새로운 다극질서의 한 형태이다. 여기에 한반도 통일은 새로운 동북아 질서의 꽃이다. 역사는 새로운 것이 낡은 것을 밀어내는 방향으로 나아간다. 새로운 질서가 태어나는 데 진통이 없을 수 없다. 우리는 지금 그 진통의 시간을 겪고 있다. 진통이 인류의 지혜와 민족의 용기로 전쟁을 막고 평화적 방식으로 마무리될 수 있도록 우리는 모든 노력을 기울여야 한다. 우리의 후대를 위해서도….

6·15공동선언을 출발점으로 통일의 과정은 이미 시작됐다.

참고문헌

1. 도서

강만길 외, 『해방전후사의 인식 2』, 한길사, 1985.

강성철, 『주한미군』, 일송정, 1988.

김남식, 『남로당연구』, 돌베개, 1984.

김동노 외 옮김, 부루스 커밍스 지음, 『브루스 커밍스의 한국현대사』, 창작
　　과 비평사, 2001.

김일영·조성렬, 『주한미군 역사 쟁점 전망』, 한울아카데미, 2003.

김태형, 『트라우마 한국사회』, 서해문집, 2013.

도널드 스턴 맥도널드, 『한미관계 20년사(1945~1965년)』, 한울아카데미,
　　2001.

류상영 외, 『한미관계의 재인식』, 두리, 1990.

마틴 하트-랜즈버그, 『이제는 미국이 대답하라』, 당대, 2000.

박세길, 『다시쓰는 한국현대사 1』, 돌베개, 1994.

박현채 외, 『해방전후사의 인식 3』, 한길사, 1989.

백종천 편, 『세종정책총서 2003-5 한미 동맹 50년』, 세종연구소, 2003.

서중석, 『한국현대민족운동연구』 1, 역사비평사, 2004.

송건호 외, 『해방전후사의 인식』, 한길사, 1980.

이삼성, 『한반도 핵문제와 미국외교』, 한길사, 1999.

이종길 옮김, 돈 오버도퍼 지음, 『두개의 코리아』, 길산, 2002.

임기상, 『숨어있는 한국 현대사』, 인문서원, 2014.

임동원, 『피스메이커 : 남북관계와 북핵문제 20년』, 중앙북스, 2008.

강미옥, 『보수는 왜 다문화를 선택했는가』, 상상너머, 2014.

정수일외 4인, 『21세기 민족주의』, 통일뉴스, 2010.

정경호, 『선생님 통일이 뭐예요』, 두물머리, 2013.

백낙청, 『어디가 중도며 어째서 변혁인가』, 창비, 2009.

백낙청, 『한반도식 통일, 현재 진행형』, 창비, 2006.

임지현, 『민족주의는 반역이다』, 소나무, 2008.

유영구·정창현 『김일성과 박헌영 그리고 여운형』, 선인, 2010.

2. 논문 및 기사

정성장, 「북한의 '낮은 단계의 연방제'안 쟁점과 대응방향」, 『정세와 정책』, 2007.10.

서재진, 「평화번영정책에 영향을 미치는 요인 분석」

윤황, 「북한의 '낮은 단계의 연방제안' 분석을 통한 남한의 연합제안과의 비교접근」

남궁영, 「남북한 통일방안 재고찰: 연합제와 낮은 단계 연방제」, 『통일경제』, 2000.9.

통일연구원, 「제2차 정상회담 대비 남북한 통일방안 분석」, 『통일정세분석』, 2001.4.

통일부 통일교육원, 『2014 통일문제 이해』

평화연구원, 「남북관계를 더 이상 '조건'의 볼모로 삼지 말자」, 『현안진단

1』, 2014.7.

이기우 외 2인, 「연방주의적 지방분권에 관한 연구」, 경기개발연구원, 2010.5.

함택영 외 3인, 「남북한 평화체제의 건설과 통일교육: 연합제와 낮은 단계의 연방제의 수렴을 중심으로1」, 『국가전략』, 2003.9.

제성호, 「남측 연합제와 북측 낮은 단계 연방제의 비교 및 상호접점 도출 방안」, 2002.

이완범, 「북한 통일방안 변천에 관한 연구」

임동원, 「남북화해협력과 한반도 평화프로세스」, 한반도평화포럼, 2010. 11.

이승환, 「'문익환 통일사상'과 통일운동론의 몇 가지 문제」, 『4·2공동성명 25주년 기념 심포지움 자료집』, 2014.4.

곽태환, 「한반도 평화, 어떻게 이룰 것인가」, 『통일뉴스』, 2014.11.26.

김기협, 「통일 과업의 출발점으로서 2000년 정상회담」, 『프레시안』, 2015.2.5.

김장민, 「코리아의 항구적 연방제 도입」, 『제4회 코리아 국제포럼 자료집』

평통사토론회, 「한미관계의 발전적 대안 모색과 신 한미상호방위조약(안)」, 2003.10.5.

김근식, 「통일방안이 아닌 통일과정을」

정성장, 「연합제와 연방제의 공통점과 차이점은 무엇인가」, 『민족21』, 136호.

통일교육원 홈페이지, 「민족공동체 통일방안」, '남북관계 지식사전'

김기협, 「통일 과업의 출발점으로서 2000년 정상회담」, 『프레시안』, 2015. 2.5.

김장민, 「연방제, 원조는 DJ 히트는 이회창 몰매는 진보당」, 『오마이뉴스』, 2013.11.28.

3. 홈페이지

국제전략연구소 www.csis.org
미국외교협회 www.cfr.org
사회동향연구소 www.stiresearch.com
우리사회연구소 www.urisociety.kr
통일준비위원회 www.pcup.go.kr

저자 _ 김은진

동아대학교 사회학과 졸업한 후 시민단체 활동을 시작해 (사)부산여성회 여성실
업대책본부 집행위원장, (사)부산여성회 부회장, 부산비정규노동센터 소장을 역
임했으며, 민주노동당에서 통일외교담당 최고위원과 민주노동당 한반도평화운
동본부장으로 활동했다.
현재 615 공동선언실천남측위원회 공동집행위원장, 장그래살리기운동본부 공동
집행위원장, 한국진보연대 집행위원장으로 활동하고 있다.

남북연합연방제 통일론
-공존과 과정을 통한 통일

초판 인쇄 | 2015년 6월 2일
초판 발행 | 2015년 6월 8일

저   자 | 김은진
발 행 인 | 한정희
발 행 처 | 리아트코리아
등록번호 | 제2015-000055호(2015년 2월 12일)
주   소 | 서울특별시 마포구 마포대로4다길 8(마포동)
전   화 | 718-4831~2
팩   스 | 703-9711
홈페이지 | http://kyungin.mkstudy.com
이 메 일 | kyunginp@chol.com

ISBN 979-11-955516-3-7 94300
        979-11-955516-0-6 (세트)
값 14,000원